旅する民間宗教者

◎歓待と忌避のはざまに生きて

西海賢二――著

岩田書院

目　次

第三章　庶民の霊地参詣と遊山

目　次

はしがき

もう三十数年前、筆者は神奈川県・静岡県・山梨県内の木食僧（遊行僧）を、必死になって追いかけていたことがある。そうしたなか、神奈川県と静岡県の境界に位置する足柄峠（南足柄市）を少し下ったある集落で、「観音講」という女性たちの宗教的行事に参加する機会に恵まれた。

名称は「観音講」と付けられていたが、その実、特定の念仏行者、すなわち江戸時代後期から明治初年にかけて活躍した「徳本《とくほん》行者」「唯念《ゆいねん》行者」に関わる念仏講の行事であることは、観察してすぐに理解することができた。しかし参加している年の頃なら七十代以上のお婆さんたちにとっては、これは「観音講」と理解されているものであった。

偶然にも「観音講」の開催日であったため会場となっていた薬師堂には、「徳本行者」「唯念行者」「遊行上人」「木食観正」らの「南無阿弥陀仏」「南無大師遍照金剛」の掛軸が掲

観音講中の面々（千葉県成田市東金山）

徳本上人六字名号掛軸（筆者蔵）

唯念六字名号塔
（神奈川県小田原市飯泉観音）

徳本坐像
（神奈川県小田原市）

木食観正碑（兵庫県洲本市遍照院）

ススキ念仏（神奈川県藤沢市藤沢山遊行寺）

木食観正掛軸（兵庫県洲本市遍照院蔵）

げられており、個人的には「観音講」よりも、それらの掛軸や、薬師堂の境内に造立されていた「木食観正供養塔」と「唯念六字名号塔」に心を奪われて、必死になって寸法や銘文を記録していた。

一時間ほどして休憩に入り、戦前を中心に行われていた「観音講」ではなく現在の「念仏講」の聞き取り調査を行った。その後三十分ほどして、昭和四年（一九二九）以降、神奈川県西部の真言宗系のある寺の住職の指導によって始められたとされる「御詠歌」が始まった。この集落はどういう信仰体系の集落なのだろうか。筆者は民俗宗教を専門領域とする者として、真言・浄土・天台などが錯綜して一つの「観音講」が開催されていることに興味を持ち、この事例を中心に民間宗教者の地域における活動と照らし合わせて、『近世の遊行聖と木食観正』（吉川弘文館・二〇〇七年）としてまとめさせていただいた。

さて、薬師堂および境内の石造物調査が終わって一段落していると、講元のお婆さんから「旅の人もお茶にしてください」と声をかけられ、ちょっとした直会になった、当時はまだ嫁の品定め的な会話も多く、今日の漬物は○○さんの嫁っ子が漬けた物だとか、これは坂下（屋号）家の嫁っ子がはじめて作った羊羹だとかなど、その他、諸々の話題で盛り上がっていった。

三十分ほどするとお婆ちゃんたちの余興が始まった。その頃流行っていた「殿様キングス」だったか、歌がとび出したが、ほどなくして三人のお婆ちゃんたちが「越後の毒消し売りでございます」といって、襷がけ、姉さかぶり、傘をもち「わたしゃ越後の毒消し売り、水原《すいばら》から

札所をめぐる巡礼者（愛媛県西条市前神寺）

四国遍路が利用する茶堂（愛媛県西予市）

まいりました」という前口上とともに、踊りはじめた。筆者は、新潟県内で大道芸人を追跡し、盲目の女性たちによる「瞽女唄」などを調査していたので、正直いって、ここまで越後の文化が浸透していることに驚いた。

筆者はその後、憑かれたように四十年以上にわたり、こうした村外から村内に入ってきた毒消し売りや、芸能者や、寺社のお札を配り歩く人々の実態を、日本だけでなく世界四十六ヶ国ほど追い続けてきた。その原点は、この「越後の毒消し売り」にあったのではないかと、自分のなかで回想することがある。

しかし「越後の毒消し売り」の実態については、自分のなかでは注意をしつつも、その後の筆者の研究対象は民間宗教者に絞られていった。ここ十年来は全国を七つのブロックにわけて、「村の小遣い」「家の小遣い」を、「村明細帳」

「村入用帳」「小前入用帳」などから集計する作業を細々と行っているが、不思議なことに「越後の毒消し売り」や「越後の角兵衛獅子」(新潟県西蒲原郡月潟村を本拠地にした芸能集団)は、ほとんど記録に出てこない。それなのに前記の「観音講」のように、越後の毒消し売りらが来村していた最盛期から七十年以上も経過したにも拘わらず、人々の記憶のなかに鮮明に語り継がれているのである。

こうした村に入り来る人々を最近は、とにもかくにも研究の「枠組み」のなかにはめ込んで理解しようとすることが学問の潮流のようだが、この「毒消し売り」や「角兵衛獅子」が特定の傘下集団として活躍の場を求めていないことは、明らかである。「毒消し売り」については、その実態の解明は、これまで語られる割には地域史のなかで埋没することが多かったようであるが、「角兵衛獅子」については、近年の阿久根巌『逆立ちする子供たち—角兵衛獅子の軽業を見る、聞く、読む—』(小学館・二〇〇一年)によってほぼその全容は解明されている。

この視点を意識しながら本書では、近世・近代を通じて村方に入ってきた人として、木食僧の木食観正・木喰行道・木食仏海・木食観海上人を、さらに出羽三山二千日行者、四国遍路(巡礼者)・陰陽師・修験者(山伏)・御師(富士・大山・筑波・榛名・江ノ島・伊勢・武州御嶽など)・六十六部らが、全国行脚(旅・修行)する姿をとらえ、彼らを受け入れた地域社会に展開した芸能・技術・食文化・宗教(信仰集団)・情報などの一端を紹介することとした。

身延山（山梨県）へ登る前に滝行をする若い頃の筆者（左）

武州御嶽御師の配札する「オイヌサマ」

大山講中と道標（神奈川県小田原市前川）

第一章　近世の木食僧

木食観海―勧進と聖のはざまで―

観海と水戸羅漢寺

近世の木食僧と信者群とのかかわりについては、木食僧の宗教的心情、すなわち修行で鍛えた聖としての宗教的人格に対する深い信頼と、その呪力に対する期待によっていることを指摘したことがあるが（『近世の遊行聖と木食観正』吉川弘文館・二〇〇七年）、民衆側にも木食僧を受容する時に、全面的に受容する場合と一線をおく場合があった。民衆側から一線をおかれた場合は、木食弾誓《たんせい》・澄禅《ちょうぜん》・木喰行道《ぎょうどう》・木食観正《かんしょう》がそうであったように、ある面で幕府権力などと癒着した宗教活動を展開した時で、その場合は、彼らは民衆から離れて雲上の人と化し、既成教団の末端に位置づけられてしまうのである。

ここで述べようとする木食観海（一六九九〜一七七五）の造寺・造塔を中心とした勧進活動は、その後、幕府寺社（宗教）政策のなかに身を委ねることになっていくのである。

水戸の羅漢寺は、塩子（七会村。現・城里町）の仏国寺（真言宗豊山派。茨城県東茨城郡城里町塩子）の住持観海が、宝暦六年（一七五六）から明和七年（一七七〇）まで、途中宝暦十二年の火災という災難を経て、十四年間を費やして建立した寺である。五百羅漢像を安置し、「閣高キコト凡十丈八尺、横十八間、突元トシテ天ニ聳ユ」と当時の記録にみえるように、高さ九丈二尺余、下階の間数十八間に十四間、上階は十四間に七間で、その宏壮な伽藍は数キロ先から旅人の眼に映り、縁日の物詣でには善男善女で賑わった。当時からすれば破格の大寺院であったとみえ、一躍水戸城下の名所になったようである。

羅漢寺は造営中の明和五年（一七六八）、小松寺（茨城郡金伊野。茨城県笠間市金井村付近）から離末し、新たに「御願之上十円寺末罷成此年上京仕、御室御直末相承院室に罷成」と、御室仁和寺の直末となっている。

その後、造営中の宝暦十二年（一七六二）に炎上、再度観海をめぐる多くの木食僧や民衆らの手によって造営が続けられ、明和七年（一七七〇）八月、炎上後八年にしてようやく落成し、「八月二日、羅漢寺入仏、之《野》州烏山ヨリ入仏ノ船ヲ寄進ス、長二間二尺」「九月五日ヨリ廿五日マテ、五百羅漢入仏」とあるように、五百羅漢の入仏法要を営んでいる。

この羅漢寺が天保十年（一八三九）に廃寺となって百七十年余になる。『水戸市史』中巻（二）(三)によれば水戸領内の廃寺は多かったが、水戸下町の谷田町地内に偉観を誇った羅漢寺の滅亡ほど、民衆の心を打った事件はないという。

廃寺に至る経緯は次のように伝えられている。天保四年（一八三三）八朔《はっさく》の大風害で破損したのち、修復を許されず、天保九年秋には伽藍を取り崩された。五百羅漢像は僧寮のなかにおいていた。徳川斉昭は五百羅漢の処分に困り、水戸家の大奥を通じて本山の京都仁和寺門跡へ譲り渡す交渉もしたがうまくいかず。その後いろいろ怪談が取り沙汰されるようになり、怪しげな物が夜中に出て、就寝中の僧の頭に灸をすえ、その痕が痛んで瘡となるので、香取の神崎寺などの僧を招いて修法を行った。その夜、夜中に怪物が現れ、焔を取って四方に放つかと見る間もなく、一時に炎上し、伽藍も仏像も焼失した。僅かに残った仏像の一部は土中に埋められた。火災の時、住僧が火中に入り端座合掌して焼死し、小僧が井戸に投身自殺した。時に天保十年三月六日夜であった。

こうして宝暦以来八十三年間、水戸の名所として親しまれた羅漢寺は跡形もなく消滅したのである。いろいろな怪異は、人心の動揺から生まれたものであろう（拙著『江戸の漂泊聖たち』吉川弘文館・二〇〇七年）。

この羅漢寺にまつわる怪談・火災・廃寺によって、水戸市中の人々は創建に関わった観海による「山師の祟り」であろうと噂したという。

これまで『水戸市史』や茨城県内の地域史研究での観海の紹介のほとんどは、木喰行道の師であり、木食戒を授けた人物としての叙述に終始している。そこで本論では観海の事績を、その宗教的側面だけでなく、彼が寺院経営の一環としてとった行動を記し、それが「山師」という評価を生むに至った経緯などを紹介する。また、今日僅かに羅漢寺周辺および仏国寺に確認される彼をめぐる掛軸・札、石造物や古文書などから観海が広く勧進活動を行っていたことを紹介してみよう。

観海の事績

観海の事績については不明な点が多い。文政十年（一八二七）十一月に、羅漢寺の住職舜興が先代の事績をまとめ、水戸藩の寺社方に提出した資料があり、それによれば、羅漢寺の開山は木食観海上人となっている。以下、同資料によってみていく。観海の出生は奥州岩城多賀新町であり、その後、縁があって仏門に身を投じて、江戸の中期宝暦年間（一七五一～一七六四）頃から水戸周辺をベースにその活動を展開し、仏国寺の住職となり、五百羅漢寺をはじめとして多くの諸堂を建立するなど、水戸周辺の宗門においても一目おかれる存在となり、明和年間（一七六四～一七七二）以降は羅漢寺が御室仁和寺の直末になるほど、その寺勢は本山からも一目おかれ、観海も水戸周辺では絶大な人気を呈して木食上人の中心的人物となった。安永四年（一七七五）に遷化、行年七十八であったという。これによって、観海の生年は元禄十二年（一六九九）であることがわかる。

観海が仏門に入った背景や修行過程などについては一切不明であるが、彼は宝暦三年（一七五三）仏国寺の諸堂「観音堂厨丈」を修復している。その際、観海は水戸城下に五百羅漢の安置および諸堂を建立することを水戸藩に願っている。

宝暦四年観海は五百羅漢の安置を名目に、水戸城下吉田同心町（現・水戸市元吉田町付近）に寺地の寄進を受けたが、その土地が町中にあり、かつ城に近接しているため、「もし堂上より御城内を伺候様成儀難計旨」と、替地を願い出ている。そして宝暦六年には、城からやや離れた坂戸町（現・水戸市酒門町周辺）に一四三石一斗七升九合の土地を、水戸藩から永代地として寄進されている。

観海がその後、寺院経営を勧進活動の中心に据えていったことを考えると、この替地の願い出は、木食僧としてではなく、時の権力に柔軟に対応する既成宗教者としての片鱗をうかがうことができる。

なお、江戸幕府の宗教統制下では、寛永八年（一六三一）以降、新寺の建立は原則として禁止されていたため、観海は熟慮の末、仏国寺の離末で廃寺になっていた玉樹山十円寺の寺号を借用して、勧進の時は「水戸城下羅漢寺」や「水戸下町十円寺羅漢寺」などと一般に使用していた。

勧進活動と羅漢寺

観海は、二万両もの金や木材を集めて羅漢寺の普請にあたったといわれてはいるが、この勧進活動は、観海自身が他国にまで出かけ頻繁に

羅漢寺を開基した木食観海供養塔

遊行活動したものではない。仏国寺の諸堂建立を契機に弟子となった（血脈を授けられた）行者（木食僧）などによるものであり、常陸国はいうにおよばず、奥州岩城、さらには下野国宇都宮周辺などにおよんでいる。そのことは、現在でも福島県矢祭町やいわき市周辺などの家に、観海の掛軸などがいくつも所蔵されていることからもわかる。

この観海の活動を資金的に支えたのが一部の町人たちで、彼らの全面的バックアップがあったことが、下野国に散見する諸史資料からも確認することができる。

水戸羅漢寺が完成する前年の明和六年（一七六九）に、観海の熱狂的な信者であった思われる下野国氏家宿の町人六人が、羅漢寺への奉納として、当地にあった「木造釈迦如来像」を貰い請けたいという願書を認めている。

乍恐以書付奉願上候

一、当村地内ニ、先年浄元比丘建立仕候木造之釈迦有之候所、茂木瑞岩寺罷越、水戸羅漢寺□□遺度候間、貰請呉候様私共願来候、申請候ハヽ、当宿之助成ニ相成候儀可仕候間、偏貰請呉候様、相頼候ニ付、遣申度奉願上候、殊戸田山城守様御代破却之地ニ被仰付、末々無益ニ朽損申候儀、当時番人も無御座、乞食・悪党之雨宿ニ相成、□体先年地面寄附仕候者江も承合候処、指支無御座、村方少茂不益之筋無御座候、依之願之通瑞岩寺江差遣候ハヽ、村方之助成ニも罷成候間、願之通被仰付被下置候ハヽ、難有奉存候、以上、

丑三月

茂左衛門[印]
平左衛門㊞
新兵衛㊞
弥兵衛㊞
三郎右衛門㊞
吉左衛門㊞

寺社
御役所様

右之通、願出申上候、以上、

組頭 惣右衛門㊞
同 喜右衛門㊞
同 作右衛門㊞
庄屋 村上五右衛門㊞

（『氏家町史』史料編 近世、七四二〜七四三頁）

これによれば、比丘庵一切経堂という小庵（北関東とくに利根川流域に多く散在する「寮」に準ずるも

やみやたらに利用する状況であるので、氏家宿の茂左衛門ら六人が常陸国水戸羅漢寺（木食観海）の）に安置されていた「木造釈迦如来像」が、管理者もなく、その施設を乞食や悪党などがむに奉納することを願い出たことがわかる。この間の詳しい状況は定かではないが、完成間近い羅漢寺に相応しい仏像を木食観海が所望したことは、十分予想されるであろう。

これに対して、

乍恐以書付奉願上候御事

一、此度水戸於御城下、木食観海と申僧、五百羅漢建立仕候処、当村古来有来申候一切経堂本尊釈迦如来丈六座像、弐拾年以来数度手入仕被好候儀、当村中者不及申、近郷村之者共迄残念申候ニ付、遣不申処ニ、此度村方之内五六人如何様之了見を以　御上様江茂御願書差上、是非遣申候由、及承申候、此儀者私共先祖、近郷村人之先祖、他力を以出来仕候儀与及承申候、此末大仏建立之儀者相成兼申候儀ニ奉存候、本堂大破ニ茂及候ハ、私共儀屋根替手入仕差置可申候間、且今迄有来申候通差置申候様ニ幾重ニも被為　仰付被下置候ハヽ、難有仕合奉存候、以上、

明和六年丑三月

氏家村
願人百姓
作左衛門㊞

同
重五郎㊞
（他一〇四名連記）

御郡方
御役所様

（『氏家町史』史料編　近世、七四三〜七四五頁）

という一文が作成されている。これは、一切経堂の釈迦如来像を貰い請けたいとする茂左衛門以下六名の願出に対して、氏家宿の作左衛門・重五郎等一〇六名の願人百姓がその差し止めを訴えた願書である。

釈迦如来像を所望したのは、いうまでもなく水戸城下周辺を布教し、大伽藍の羅漢寺を造営中の観海その人であった。これに対して、この多くの願人百姓の思いを受けて、一切経堂を支配していた氏家村の光明寺も反対声明を出している。

乍恐以書付御願申上候事

一　畑高三石一斗八升五合　　氏家村光明寺支配所
御前弥陀堂

御年貢金壱分ト六百四拾九文、去子年迄年々御上納仕候、

右者、四拾年以前御先代　戸田山城守様御代、拙寺支配所堂守行円江被仰付、支配仕罷在

申処、此度村方之内六人程破却之地与申、一切経堂本尊釈迦如来、水戸表江遣申候由、御
願書差上申候段、当村之内百姓水呑百六人連判仕、遣申候儀相成申間敷候段、此儀者拙僧
義茂先住之代より在来り申候儀、遣候而甚気之毒奉存候、只今迄之通被差置被下候様奉願
上候、已上、

明和六年丑四月

氏家村
真言宗
光明寺

寺社
御役所

右之通御願書差上申候ニ付、御届申上候、以上、

組頭 惣右衛門㊞
同 喜右衛門㊞
同 作右衛門㊞
庄屋 村上五右衛門㊞

これによって、一部の村人らによって貰い請けが願い出られていた釈迦如来像は、一〇〇名を超える村人や、一切経堂を支配する光明寺からの申請をうけて、組頭・庄屋ら村方三役層によって却下されたのである。
（『氏家町史』史料編 近世、七四六頁）

このように観海の勧進活動は、自身が廻国（遊行）を専らとするよりも、弟子や信者たちの活動を集約するような存在であり、そのことが、「山師的」とみなされることにもなったと思われる。

しかし、すべてが観海自身による勧進活動でなかったにせよ、基本的には、多くの民衆から寄せられた喜捨によっていたことも併せて確認しておきたい。

前述のように、宝暦十二年（一七六二）、羅漢寺は職人小屋からの出火によって、普請の途中で灰燼に帰している。この出火は、観海をはじめ勧進活動に奔走する行者たち、さらには民衆にとっては大きな痛手となった。

しかし、観海は「大望の普請ハ、必如此の事なれば成就セぬもの成」とふたたび勧進活動を開始している。これは木喰行道の日向国分寺における勧進活動と酷似するもので興味深い（行道は、天明八年（一七八八）日向国分寺に詣でたが、求められて同寺の住職となり、以後十年間在職する。この在職中、寛政三年（一七九一）正月国分寺が炎上し、再建の勧進活動をしている）。

再起の勧進活動については、

> 普請　予　切組調ひ建前ニ指懸り小屋場より炎上、右ニ付諸木材勧化し、又如元遠近山持の者共より寄進す、遠近村々より羅漢寺迄ハ不頼に出て運送ス、曳人思ひ〳〵異形の支度をなし、木遣りおんどをとりて送る、
> （傍点筆者）

と興味深い記述がある。

ここで、右に記された「諸木材勧化し」の「勧化」についてみてみよう。近世における幕府の勧化政策には、積極的に助成を行う「助成勧化」と、それより一段と低い助成としての「助力勧化」のあったことが知られている。

水戸羅漢寺の場合、助成勧化であるのか助力勧化であったのか詳らかではないが、観海の勧進活動が、幕府の勧化政策の末端として行われていたとみることも可能である。さらに「遠近山持の者共より寄進す」、「曳人思ひ〳〵異形の支度をなし、木遣りおんどをとりて送る」などからわかるように、観海が多くの民衆から支持を得ていたこともまた事実である。これらの勧進に参画した民衆には、在方（在郷）を代表するような町人層や、奉公人を一〇人以上も雇用する村民が含まれている。

江戸中期以降に隆盛する既成教団による江戸における出開帳の様相を呈していたようでもあり、民衆のイメージする苦行・連行する木食僧という宗教者像とは大いに異なり、民衆の側も面食らったに違いない。

祠堂金の貸付問題

さて観海の羅漢寺を介しての活動のなかでこれまでほとんど顧みられなかったことに、常陸国内における祠堂金の貸付問題がある。いうまでもなく、祠堂金とは、先祖の供養のために施入する金銭、もしくは祠堂の建築・修理などのために寄進する金銭を指すものであるが、羅漢寺の場合は、その多くが羅漢寺を建立するための資金調達にあてられた。観海は、この祠堂金をかなり広範囲から徴収して、その一部を村方に貸し付ける政策をとっていたことが確認される。このあたりが観海をして「山師」と雑言される理由でもあろう。

この祠堂金については、水戸藩領に南接する土浦藩領の在方の帳簿を見るとわかる。ここには名主をはじめとする村方三役層らが祠堂金の貸し付けに関して深いかかわりをもっていたこと、宝暦・明和・安永年間（一七五一～一七八一）にかけてのことであったことが確認される。

なお廃寺となった羅漢寺境内にあった観海の墓碑や、土浦藩領下の村役人層から奉納された石造物の一部が、水戸市谷田町宝蔵寺（高野山真言宗）に残存している。

その石像物の一つに、現在も利用されている手水石がある。それには、

奉納手水石

五百羅漢

御宝前

土浦藩領下の名主から羅漢寺に奉納された手水石
（茨城県水戸市宝蔵寺）

羅漢寺歴代住職の墓
（茨城県水戸市宝蔵寺）

明和七庚寅年　九月吉日
常陸国新治郡
松塚村
沼尻甚左衛門
隠居　松隣

とある。この松塚村の沼尻家は、土浦藩領下において江戸中期以降、とくに宝暦・明和・安永年間に、稲作はもちろんだが、換金性の高い綿作をはじめとする農業生産にも積極的に関わっており、藩領下を代表する上層農民であったことが確認されている。観海が羅漢寺を介して一番活躍した時期に、この手水石が上層農民から羅漢寺に奉納されたという事実からも、観海の活動が幅広い層から支持されていたこと、それによって水戸の城下を代表する羅漢寺が誕生し、その後、大寺院として展開していったことが理解されるのである。

なお、寛政六年（一七九四）の「百姓持高人別相改書上帳　常州新治郡松塚村」（茨城県つくば市松塚鈴木重

之家蔵）によると、

一　高四百六石四斗弐升六合　　松塚村

内

一　高四九石二斗五升九合　　名主源左衛門内

家内人数拾五人内　　男八人　下男三人

女七人　下女三人

一　高五拾八石七斗九升九合　　名主甚左衛門

家内人数弐拾四人　　男拾三人　下男八人

女拾壱人　下女七人

とあり、甚左衛門が村高の八分の一程度を占める村内きっての豪農であったことも知られる。また甚左衛門の前に名前が見られる源左衛門は、羅漢寺の祠堂金貸付の経営帳簿に名を連ねていることからも、観海が村落の上層部を取り込んでいたことが明らかとなる。

羅漢寺の規模

羅漢寺は水戸の城下を代表する寺として『水戸市史』などに紹介されているが、その規模はどの程度のものであったのであろうか。「墨刷羅漢寺境内之図」（水戸市立博物館蔵）を見てみよう。

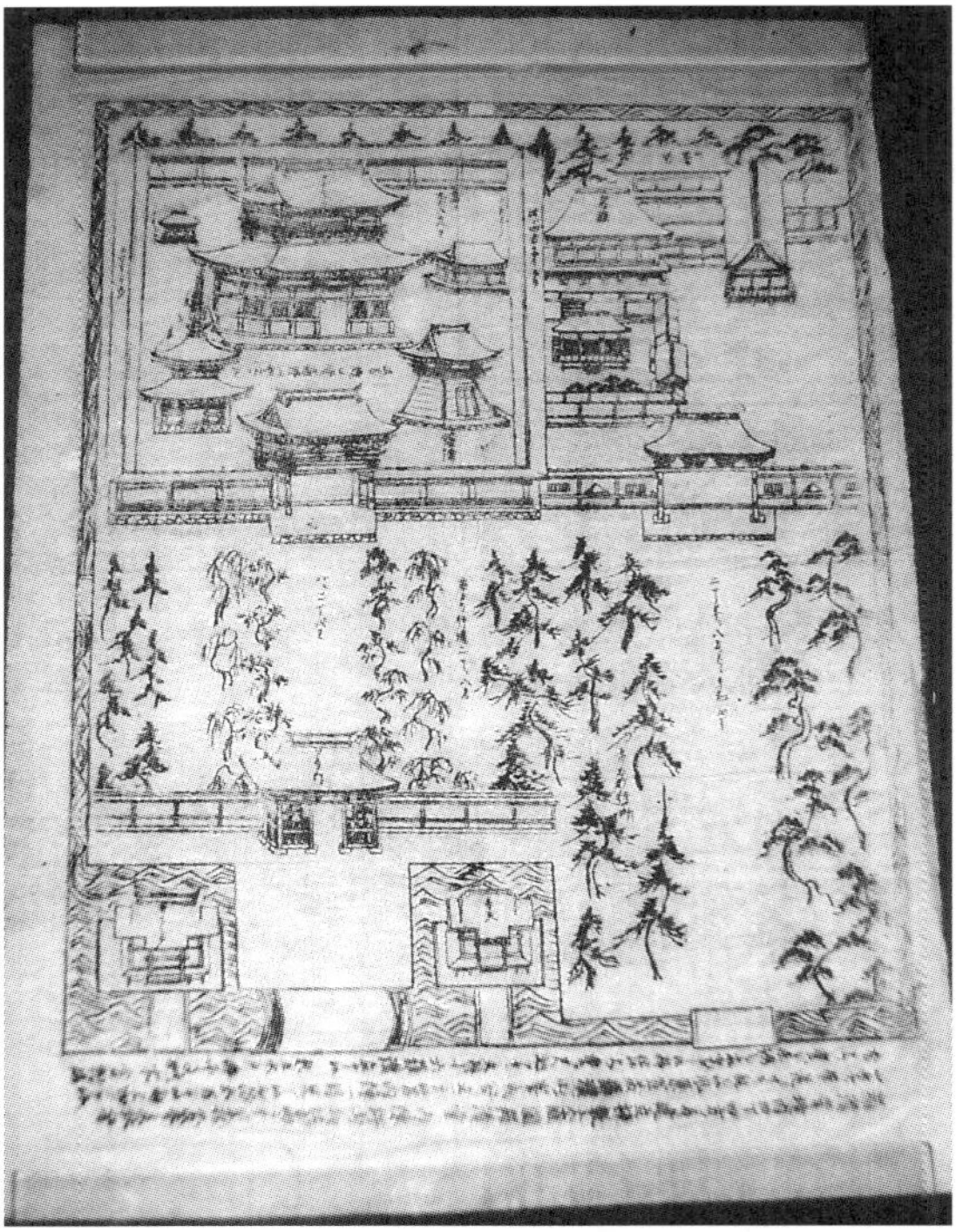
「墨刷羅漢寺境内之図」

右上には客殿が描かれ、左上および中段には山内、とくに参道および諸堂が描かれる。また上段には「高野山」の文字が見え、図の下部には羅漢寺の規模についての説明が、以下のようにある。

羅漢寺境内四丁四方ノ間ニ、建立棟敷□□、内陣坪□仕り、高ライ紫採敷、春夏秋冬四季ノ草花モサキ乱レ候風景宜敷、羅漢山ノ峯或ハ谷ニ立可申候間、内陣一目見ヘ申候不五百尊拝見成ニ申候、尤上ニ重ニシ参詣之者登申候様ニ仕、大重ニ尺アケ文殊十六羅漢申候、

願主　水戸　仏国寺在

木食観海

同じく水戸羅漢寺から出されていた「厄除け札」（水戸市立博物館蔵）には、以下のようにある（「墨刷羅漢寺境内之図」「厄除け札」の調査では、水戸市立博物館長寺門寿明先生と、学芸係長の玉川里子氏に御指導をいただいた）。

厄除開運

（朱）「陰陽和合」

（朱）「妙見大士」

開眼師

前神埼寺

第十二世　僧正徳法

水戸城東羅漢寺

願主和井亭斎正逸印施

寄附主

同資　普門院方印法順（印）
湊村
華蔵院法印　尊儀　（四三×一六・八センチ）

また、最近水戸市内の旅館から、明治二十年代に写された「五百羅漢堂風景之図」（以下絵図）が発見された（網代茂「水戸浜東　伝説の巨大寺・五百羅漢寺　明治二〇年作の鳥瞰図発見―幻がより現実的に―」。玉川里子氏提供資料による）。この絵図は、天保十年まで羅漢寺があった谷田に生まれた久米《くめ》霞岳《かがく》雅《まさ》禮《とし》（文化十二年（一八一五）生まれ）という画人が模写したものである。水戸市立博物館蔵の「墨刷羅漢寺境内之図」よりも大きく、かつ具体的に採色して写しとったものと思われ、非常にリアルに描写されている。それは、久米自身が二十五歳まで羅漢寺の伽藍を何度となく実見していたことによるもので、ある点では原画よりも詳しく描いた可能性もあり、十九世紀初頭の羅漢寺周辺を知る貴重な絵図であると思われる。この絵図には、

常陸国茨城郡水戸城東浜田郷
五百羅漢堂風景之図
大内羅漢寺開山木食上人観海　宝暦六年草創也
当山二世　観順　文政二己卯年九月十三日入寂
当山三世塔而已不知
当山四世法印大空　文政九丙戌年六月二日入寂

当山五世　権大僧都法印法順　天保十己亥三月六日入寂
右羅漢寺　客殿　弁天堂　開山堂　方丈　庫裡
俵蔵　馬屋及而
寛平　法皇御尊體共
天保十己寅（亥）年三月六日戌刻出火亥刻鎮
五百羅漢本堂追而崩ニ成ル
呉応小泉御社
時明治二十年丁亥冬十月良辰写
時年七十三歳久米霞岳雅禮

羅漢堂　東西十八間
五尺八寸
南北十四間
高サ十丈南向

との付記があり、羅漢寺の開山観海、二世観順（前掲の宝蔵寺に墓碑現存）から、天保十年三月六日に羅漢寺の出火によって火中に身を投じた五世法印法順までが紹介されており、羅漢寺が、水戸の城下を代表する大伽藍であったことを彷彿とさせる寺院であり、かつ近世木食僧たちが十八世紀中葉から八十年以上（一七五三〜一八三九）にわたって、木食僧たちを統括する寺

表1　常陸国内おける六十六部廻国供養塔

造立年（初出のみ）	所在地	総数
享保十四年（一七二九）	水戸市	五基
正徳　元年（一七一一）	日立市	五〇基
宝永　五年（一七〇八）	土浦市	一〇基
元文　三年（一七三八）	古河市	六基
永禄十一年（一五六八）	石岡市	一三基
正徳　三年（一七一三）	下館市	一七基
宝永　六年（一七〇九）	下妻市	二五基
天明　二年（一七八二）	水海道市	一基
元禄十二年（一六九九）	常陸太田市	一基
正徳　五年（一七一五）	取手市	三六基
元禄十四年（一七〇一）	牛久市	二三基
天文　六年（一五三七）	つくば市	二五基
宝永　六年（一七〇九）	ひたちなか市	九基
宝暦　十年（一七六〇）	鹿島市	六基
元禄　九年（一六九六）	潮来市	九基
宝永　三年（一七〇六）	東茨城郡美野里町	六基
宝永　五年（一七〇八）	茨城郡内原町	一四基
宝永　四年（一七〇七）	西茨城郡岩間町	一四基
天明　三年（一七八三）	那珂郡東海村	三基
明和　七年（一七七〇）	那珂郡那珂町	二基
正徳　元年（一七一一）	那珂郡大宮町	七基

院として、東国の一大拠点となった宗教センター的寺院であったことも、あわせて確認することができるであろう。

六十六部廻国巡礼

さて近世においては、伊勢参宮などの寺社参詣の高揚によって、木食僧だけでなく多くの遊行（廻国修行）する人々が全国各地をめぐっていたことは、先学（新城常三『社寺参詣の社会経済史的研究』塙書房・一九六四年、原淳一郎『近世社寺参詣の研究』思文閣出版・二〇〇七年）によって知られている。それではこの観海のいた常陸国において、木食僧たちと類似する六十六部たちの群れがどのような動きをみせていたか、平成十六年三月の段階までに確認した「六十六部廻国供養塔」の分布をみてみよう。

享保　二年（一七一七）	久慈郡金砂郷町	一基
宝永　四年（一七〇七）	久慈郡里美村	三基
寛政　九年（一七九七）	鹿島郡波崎町	一基
元禄十四年（一七〇一）	行方郡麻生町	一三基
享保十三年（一七二八）	行方郡牛堀町	一基
安永　三年（一七七四）	行方郡北浦村	一基
宝永　四年（一七〇七）	稲敷郡江戸崎町	三六基
宝永　元年（一七〇四）	稲敷郡美浦村	二二基
正徳　元年（一七一一）	稲敷郡河内村	一基
元文　二年（一七三七）	稲敷郡桜川村	一基
宝暦年間（一七五一～六四）	新治郡八郷町	四基
天明　二年（一七八二）	新治郡千代田村	一基
正徳　元年（一七一一）	真壁郡関城町	一基
宝永　七年（一七一〇）	真壁郡明野町	一基
慶長十六年（一六一一）	真壁郡真壁町	七基
寛永年間（一六二四～四四）	真壁郡大和村	六基
享保　十年（一七二五）	真壁郡協和町	一四基
正徳　三年（一七一三）	猿島郡総和町	一一基
宝暦　三年（一七五三）	猿島郡五霞町	二基
享保　十年（一七二五）	北相馬郡守谷町	三基
	合計	四一二基

（二〇〇四年三月　小嶋博巳作成「廻国供養塔データベース」、および筆者の一九七〇～二〇一六年の調査により作成）

近世の六十六部研究は、小嶋博巳氏をはじめとする民俗学的研究（小嶋博巳編『西国巡礼三十三度行者の研究』岩田書院・一九九三年、巡礼研究会編『六十六部廻国巡礼の諸相』岩田書院・二〇〇〇年、田中智彦『聖地を巡る人と道』岩田書院・二〇〇四年、長曽我部光義・押川周弘著『六十六部廻国供養塔』岩田書院・二〇〇四年）があるが、六十六部の組織や、宿の分布、供養塔の分布などに至っては研究が進展していない状況で、とくに六十六部から木食僧に変化する過程や地域的展開などは、ほとんど解明されていない。

表1では常陸国（茨城県内）で確認された四一二基の廻国供養塔（全国では約七〇〇〇基ほど）を地域別に一覧したが、これを年代別に見ると、六十六部の廻国行為（巡礼）が元禄十三年（一七〇〇）から宝永・正徳年

間（一七〇四～一七一六）に活発化したことがわかる。

この傾向は全国的なものであり、十八世紀初頭より廻国行者が多く見られるようになる。こ
こ常陸では、十八世紀初頭にはいまだセミプロ的行者層であった者たちの中から、十八世紀中葉頃になってプロ的行者の木食観海らが現れ、彼がその礎となった。その拠点は水戸の羅漢寺で、宝暦三年（一七五三）以降、行道らの弟子の手によって造営され、天保十年（一八三九）に火災で消失するまで、八十有四年の栄華を極めたことになる。

今後、このあたりの経緯に関わった多くの近世木食僧を掘り起こしていく作業が望まれる。

木喰行道―微笑仏の聖―

行道の自叙伝

宝暦十二年（一七六二）に、木食観海から木食戒を受けた木喰行道（一七一八〜一八一〇）は、享保三年（一七一八）甲州西八代郡古関村丸畑（山梨県南巨摩郡身延町）という典型的な山村に生まれている。

行道の事績は、彼の自叙伝ともいうべき『四国堂心願鏡　施主当村中　講中』（山梨県南巨摩郡身延町丸畑、伊藤平厳氏蔵）に、次のようにみえる。

一、日本国中八宗一見之行想捨大願之内本願として仏を仏師国々因縁有所にこれをほどこす、みな日本千躰之内なり、帰命頂礼法身阿字一念仏法至心広説普遍願事

木喰堂（山梨県身延町）

大山阿夫利神社下社（神奈川県伊勢原市）

懺悔衆生法門度法界金剛諸仏同一躰三世浄妙自在無家木
喰五行常歓心、コレハ自至心信常心
○クハンライ《元来》、コノ木喰五行菩薩事ハ、当国当所丸畑ノ
村ノ出生ナリ、当所ヲ出ルコト十四才ノ歳ニ、タコク江
戸ヲモテニデテ、サマサマムリヤウノホウカウヲハゲミ、
タビタビ出セスル事タビタビアルトイエドモ、ウンキタ
ラザレバ、ロウ人スル事トドニヲヨブ、ソノ節サガミノ
国石尊ヘサンロ《参籠》イタシ、大山不動エ心願ノ大徳ニヨッテ、
子安町ニ一宿イタシ、ヤドヒマチ《日待》ノヨニトマリ合セ、ソ
ノ僧ハコキ《古義》真言宗師ニテ、因縁ニアツカリ、ソノ所ニヲ
イテ、師弟子ノケイヤクヲイタシ、廿二才トシナリ、シュ
ツケソウゾクヲ至心ニ信ジテ、修行ヲコタラザレバ、マ
スマス自心モアンイニカナイ、ソノミチニ入テ修行ノノチ、所々ノ寺々ヲシヨクヘンレキ
シテ（後略）

これによって、彼は十四歳の時（享保十六年〔一七三一〕）に故郷を出奔して江戸に出て、流浪の日を続け、二十二歳の時（元文四年〔一七三九〕）に、相州大山不動（神奈川県伊勢原市）の石尊大権現に参籠していた時、子安町で泊まり合わせた古義真言宗の僧と子弟の契りを結び、仏門に入っ

ている。

十四歳から二十二歳にいたる九年間にわたる行道の足跡は詳らかではないが、江戸市中を中心に独自の宗教活動を展開していたと思われる。

大山石尊講（一般に大山講と称している）が江戸市中を中心に広い信仰圏をもつようになるのは、享保末年から宝暦年間（十八世紀中葉）のことであり、この頃江戸付近に居住していたと思われる行道には、単なる流浪の生活に明け暮れるなかで大山参拝をしたのではなかったであろう。

それは「ソノ節サガミノ国石尊へサンロ」と記述にあるように、単なる大山参拝（江戸中期以降の大山参拝は、大山・道了山－南足柄市・富士・江の島というセット化されたものが多く、旅行案内記をはじめ大山参詣日記などにも、大山登拝の後、御師宅に宿泊するものもあったが、比較的道了山や江ノ島方面へ出ての宿泊が多かった）ではなく、彼自身の宗教者への道を歩んでいたと思われる。

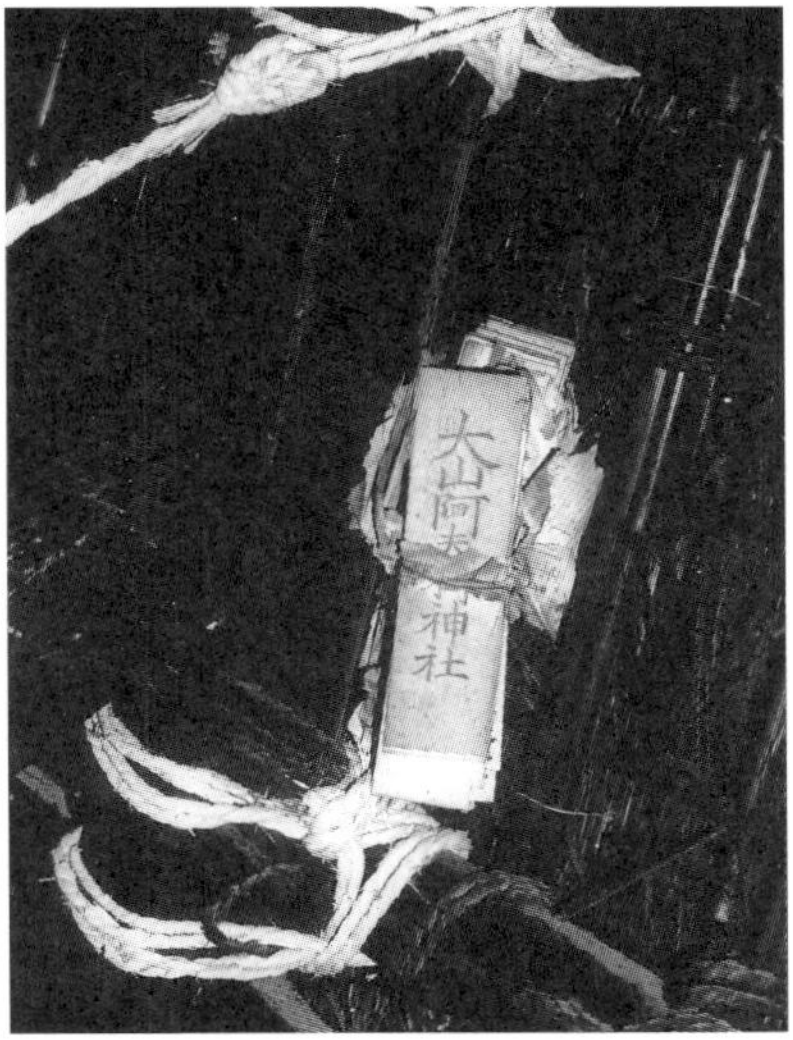

大山阿夫利神社の札
（神奈川県秦野市蓑毛）

そうでなければ「一宿イタシ、ヤドヒマチノヨニトマリ合セ、ソノ僧ハコキ真言宗師ニテ、因縁ニアツカリ、ソノ所ニヲイテ、師弟子ノケイヤクヲイタシ」と、たった一夜の因縁によって仏門に入り、さらには子弟の契約を結ぶことは考えられない。この九年間の行道の足跡は明確ではないが、単なる流浪の民でなかったことだけは、彼の巡礼しながらの廻国遊行生活を実践していった事績からも注意する必要があろう。

その後、二十二歳から四十五歳までの彼の具体的な宗教活動は、あまりはっきりしていない。前掲の『四国堂心願鏡』に「ソノノチ日本廻国修行セント大願ヲコシテ、法心スル事四十五才ノ身ナリ、ソノ節ヒタチノ国木喰観海上人ノ弟子トナリ、木喰カイヲツギ」とあり、四十五歳（宝暦十二年〔一七六二〕）の時、常陸国羅漢寺の観海から木食戒を受けている。

なぜ、行道が観海のもとで木食戒を受けたのかははっきりとしないが、宝暦十二年は、観海の勧進活動によって水戸羅漢寺が普請される途中に職人小屋からの出火で炎上した年でもある。観海は宝暦六年には、水戸藩から永代除地として一四三石一斗七升九合の土地を与えられるなど、この頃から常陸国だけでなく、東国にもその名声は知られていたであろうし、推測であるが、大山参籠中に子弟の契約を結んだ古義真言宗の僧侶と観海の因縁が、行道を観海のもとに行かせたと考えられる。

木食戒と廻国

木食戒というのは、五穀以外の果実を常食とする厳しい戒律である（行道は木食観海から木食戒を授けられ、終生この戒を守ったといわれている）。行道にとって、木食戒と廻国遊行は、彼の宗教実践において重要な事柄であった。

四国八十八ヶ所、西国三十三ヶ所、坂東三十三ヶ所、秩父三十四ヶ所などの聖地巡礼や本尊巡礼は、霊地をめぐることによって霊験を得るもので、そのためには食事の制限をしたり、あるいは色欲を禁じたりすることが課せられていた。

行道が廻国遊行を精力的に行うようになったのは、木食戒を授けられてから十年以上を経過した安永二年（一七七三。この年八月に木食観海大僧正となる）の五十六歳の時である。彼はこの廻国遊行を契機として造像活動に入ったが、行道が造像した多くの供養仏には、短文ながら次のような銘文が見られる。

日本順国八宗一見之行想
十大願之内本願として
仏を仏師国々因縁ある所に
これをほどこす
みな日本千躰の内なり

これによれば、宗派にこだわることなく（観海も造寺・造塔の勧進活動を常陸国・下野国を中心に展開したが、下野においては天台・真言をはじめ浄土真宗をもまきこみ、かつ本山系・当山系の修験者を取り込んでいる）日本廻国を専らとして、日本全国の霊地を巡り（木喰行道の廻国の経過は『南無阿弥陀仏国々御宿帳』『納経帳』『万人帳』に詳細に記されている）、千体仏を造像していたことがわかる。

しかし、還暦近い行道にとって、これからのち四十年近くの廻国行脚は厳しい旅であったに違いない。それでも蝦夷地から九州まで足跡（修行）の及ばざるところはないほどで、さらには造像活動をしながらの廻国遊行であったことを考えれば、行道の漂泊そのものに生きた人生は、すさまじいものであったといえるだろう。

行道の足跡は、自筆の『南無阿弥陀仏国々御宿帳』などによって知ることができる。それによれば、安永二年二月十八日、日本廻国の大願を発し、相模国大山（神奈川県伊勢原市）を出発し、秩父三十四番札所を巡り、その後ほぼ関東一円の坂東札所などを廻っている。

安永五年頃は、甲斐出身の弟子木食白道《びゃくどう》をともなって東北地方を廻国し、海路蝦夷地に渡り江差に二年間滞在している。安永九年には蝦夷地から再び関東地方を廻国し、栃木県栃窪（鹿沼市）に薬師堂を建立し、その後、信州・越後を経由して佐渡に渡って四年間逗留した。

天明五年（一七八五）、五年ごしの佐渡の生活をへて、郷里の甲斐丸畑に帰るが、すぐ中部・近畿・中国地方をへて四国に入り、八十八ヶ所の札所を丹念に廻ったのち、九州に渡った。天明八年には、「ソノセツ、九州修行ノ節ニイタッテ、日向ノ国分寺ニ、ヨン所ナキインエンニヨッテトドマリテ、住ショクイタシ三年目ノ正月廿三日ニシュ火ニアイ、ソレヨリ七年ノ間、ナンキヤウクキヤウ（難行苦行）ニテ、ガランコンリュウ成就シテ、イチ寛政十午歳四月八日ニ国分寺出立ス」と日向国分寺（宮崎県）に至り、ここで国分寺が寛政三年（一七九一）正月二十三日に炎上したため、その再建のため乞われて住職となって浄財の托鉢を約七年間にわたって行った。

師観海と異なる勧進活動

日向国分寺が炎上し、再建の大願を発して、勧進活動に奔走する行道の姿は、水戸羅漢寺普請に見られた観海の姿を彷彿とさせる。しかし観海の弟子でありながら、行道の勧進活動は、師とは異なった方法で進められている。

観海の勧進活動が、あくまで造寺・造塔を目的とし、下野において、地域の特定商人と連携して廃寺寸前の寺々から仏像を買いあさったりして、宗教者として身を立てるためのステップにほかならなかったのに対し、行道の勧進活動は、国分寺の造営を目的としつつも「ナン《（難》キ《行》ヤウク《苦》キヤ《行》ウ《）》ニテ」というもので、あくまで修行（行乞）としての性格が強かったようである。

行道は寛政五年（一七九三）、国分寺伽藍や、本尊五智如来・木食自刻像などを完成させ、名を五行菩薩と改め、「天一自在法門」と称するようになった。これも師の観海が水戸羅漢寺を再興するやいなや大僧正や勅賜上人木食上人となった経過と類似しているが、観海が位階を得るために御室仁和寺との関係を強調していったのに対して、行道は、自らを五行菩薩と改めていき、子弟でありながら、一つの勧進活動を契機にまったく逆の宗教者への道を展開していったことは興味深い。

こうした相反する師弟の宗教活動は、最終的には当時の民衆や後世の人々にも影響している。

それは、既成宗教者としての観海には、彼をめぐる講集団などの信仰集団が生まれることが少なかったのに対して、行道には、彼の足跡（修行）に従い民衆の信仰集団が派生していることからもうかがえる。

行道八十五歳（享和二年〔一八〇二〕）の時、彼を慕う一三人の講中の尽力によって、ふるさと丸畑の四国堂が落慶した。これは行道の日本廻国を成就することを願った行為でもあり、この声に行道は、自己修行そのものより「講中」の安全と繁盛を願うことを目的として、自分の遊行の活動を実践していったのである。これが彼をして終生かわらぬ民衆とともに歩ませる宗教的世界観であった。

作仏聖の系譜

観海と木喰行道の勧進活動をめぐる宗教的心情などについて見たが、行道の師は観海であるといわれる一方、宗教活動とりわけ当時の民衆とのかかわりから木食僧としての系譜をみるならば、行道は、近世初頭の木食行者弾誓（一五五一～一六一三）や円空（一六三二～一六九五）の作仏《さふつ》聖《ひじり》の系譜につながるとみることもできる。

行道は寛政九年（一七九七）には、九州を発って中国・四国・近畿・中部を巡り、故郷丸畑に帰っている。享和二年（一八〇二）の春に丸畑の四国堂が完成すると、信州・越後を巡り、文化三年（一八〇六）夏に六度目の帰郷をしている。

文化三年の秋には、ふたたび郷里を発って京都府下の清厳寺に赴いたが、その後の足跡ははっきりしていない。これらの行程だけみても驚嘆すべきものであるが、その後も行道はさらに千体仏を造像するという大願を発している。それは、木食仏の残存する寺や付近の木食をめぐる伝承にも、木食さんは夜っぴいて造像活動に明け暮れ、翌日には他地域で造像するとあるように、まさに超人的な廻国と造像活動の旅であったといえる。

行道の行脚は、晩年になっても少しも衰えていない。九十歳を過ぎて死ぬまぎわまで造像活動を続けている。そして造像活動は円熟期を迎え、最晩年の清厳寺における十六羅漢像などに代表されるふくよかな仏像は、微笑仏として、僧に似て僧に非ず、俗に以て俗に非ざる異様な木食さんの姿を彷彿とさせてくれるのである。

木の中に彫られた木喰仏
（愛媛県四国中央市中之庄町光明寺蔵）

ところで、この行道の驚嘆すべき廻国修行と造像活動にみられる肉体と宗教的心情は、どうして培われたのであろうか。それはいうまでもなく、五穀を断っての木食戒があったからにほかならないであろうが、彼は宗教者になるべくしてなったわけでもなく、彼の出生地が丸畑という典型的な山村であるがための極度の生活疲弊という問題が、彼をして廻国遊行という行としての漂泊人生を歩ませ、なかんずく造像する仏像に民衆のいわば代受苦的な世界観を植え付けていったのであろう。

彼の『南無阿弥陀仏国々御宿帳』『納経帳』『万人帳』などの廻国日誌をみても、病気などによって廻国が滞ったという記載は見出すことができない。いうなれば、木食戒を貫くことがそのまま廻国修行という漂泊になっていたわけで、そのことは、全国で今日（一九八五年現在）確認される行道作の七一二体の木食仏の中に見出すことができるであろう。

木食観正—逃亡者としての旅—

今弘法あらわる

江戸時代、民衆とともに生きる修行僧がいた。米穀を断つ木食僧。仏像を刻む聖。加持祈禱をする修験者（山伏）。特定の信者と師檀関係を結んで、それらの人々のために巻数・守札等を配布するなどして祈禱をする御師。地相を見ることなどをつかさどったり、陰陽五行説に基づいて吉凶を占ったりする呪術者としての陰陽師。尺八を吹き喜捨を請いながら諸国を修行行脚をした有髪の虚無僧。鼓を打ったり、三味線を弾いたりして、唄をうたい、門付けをした盲目の女芸人である瞽女。彼らはなぜ諸国を漂泊し、苦行に身を投じたのか。

民衆に支持された民間宗教者は数多くいたが、

木喰自刻像（新潟県長岡市）

木食観正坐像と位牌（洲本市遍照院蔵）

これまでほとんど研究の対象になることはなかった。対象になったとしても木食僧に限ってみれば、大正末年から民芸運動の一環として柳宗悦（美術評論家。一八八九〜一九六一）が紹介した木喰五行（江戸時代中期の真言宗の僧。一七一八〜一八一〇）の研究がそのまま木食僧の研究という時代が九十年以上も続いてきた。ここで紹介する淡路国洲本大工町出身の木食観正（行者喜作＝一七五四〜一八二九）も、木食仏をほとんど刻んでいないことから、柳の木食僧（木食仏）研究のなかで抹殺された近世の遊行聖であった。観正は天明年間（一七八一〜一七八九）に淡路縄騒動といわれる百姓一揆に深く関わり、殺人を犯すところとなり、その後逃亡しながら六十六部としての廻国修行をすることによって、民間宗教者となっていった。

文政二年（一八一九）二月十一日、観正は弘法大師の生まれ変わり（今弘法）という名声を背に、相州小田原から神田明神社や湯島聖堂に近接した湯島円満寺（木食寺）に着き、加持祈禱をはじめた。その御利益は瓦版にまでなってたちまち大評判となり、湯島周辺の円満寺、村田阿波守屋敷、稲葉専之助屋敷の湯島三丁目・四丁目付近は、押すな押すなと信者が殺到した。

その時の評判になった瓦版の一部を掲げると、

「相州小田原観正上人御利生記」

徳を以て衆を助けるを聖と云ふ。爰に相州小田原新宿にまします観正上人の、その御由来を尋ぬるに、生国讃州の御産にて、諸国修行し玉ひて、関東へ下り玉ふ時、相州小田原在

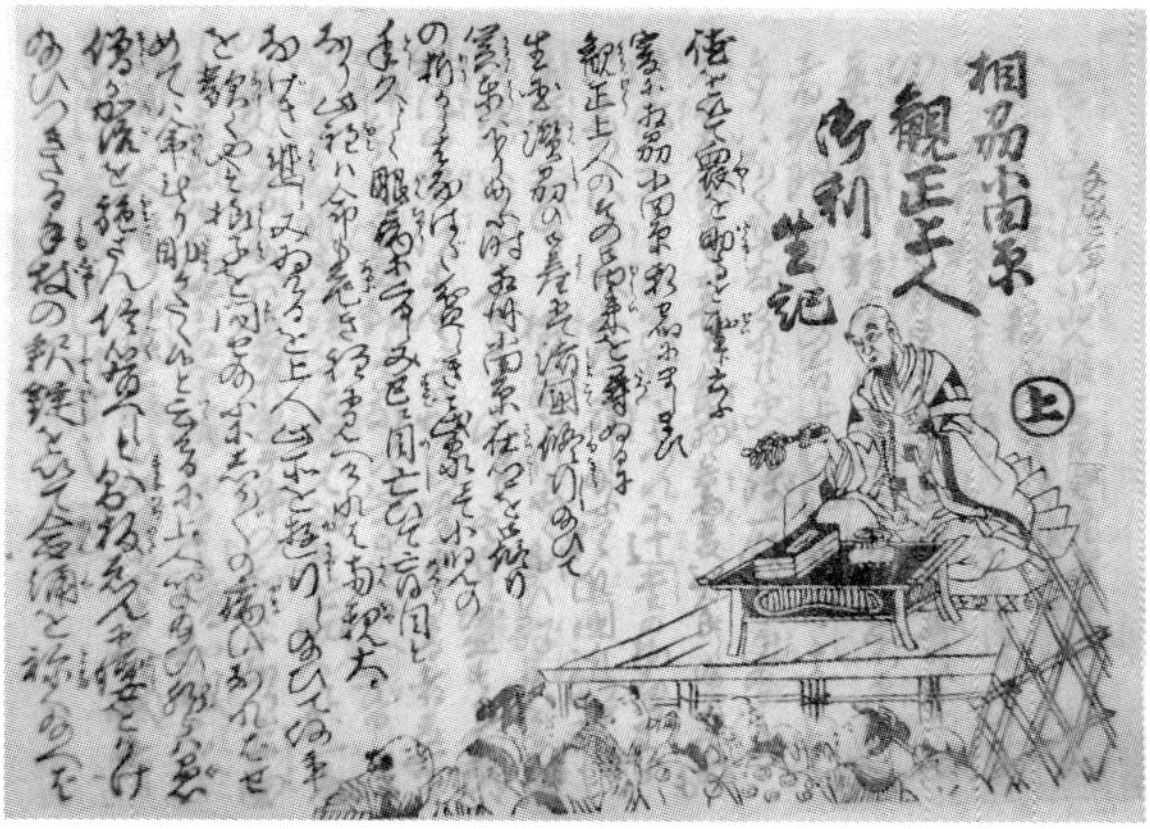

木食観正瓦版（筆者蔵）

郷を御修行の折から、はなはだ貧しき民家にて、小児の年久しく眼病にくるしみ、已に目亡ひて盲目となり、此程は命も危き程にみえ玉れば、両親大になげき、悲しみ□けるを、上人此所を遊行し玉ひて、何事を歎くやと様子を問せ玉ふに、しか〴〵の病なれば、せめては命計り助けたく候と云けるに、上人聞玉ひ、然らば愚僧が加持を施さん、信心有べしと、則板ゑんに腰をかけ玉ひ、つきたる手杖の釈錠を以て念誦を称へ玉へば、忽ち盲目の小児、眼を開き、其のままに平ゆしける（中略）町やはづれに辻堂の様なるわらやをしつらひ、昼夜に加持を施し玉ふ、猶近国近郷より日にまし参詣の人おびただしく、櫛の歯を引くが如く其中に

盗する人、或は邪法の売僧等、試みに御加持の場へ来りける者、立所に五体すくみ、進退動く事ならず、此事を上人に告申すに、彼等誠の心に非ず、此後心を改めば、我是を助んと、則一遍の誦文を称へ玉へは、此者忽ち許の如くになり、赤面して立去ける、誠に古今稀なる高僧知識前代未聞の大聖弘法大子の化身にやと、人々感喜奉しは有難かりし次第也。

と見え、過分な誇張もあるが、心憎いほどの表現によって、観正を弘法大師の再来と称賛されるにふさわしい人物であると称《たた》えている。その行動は、たとえば錫杖をもって念誦を称え、盲目の小児を開眼させたり、病気平癒・雨乞祈願などで、大師の弘法清水伝説に類似する行為を随所に散見させている。

さて、民間宗教者として江戸に打って出た観正が、行者喜作として逃亡者としての旅に明け暮れた日々を、彼の納経帳から追随してみよう。

「行者喜作」の納経帳

寛政九年（一七九七）三月、喜作は日本廻国の修行（逃亡・旅）に出ている。兵庫県洲本市栄町の遍照院にある木食観正坐像厨子の内に納められている喜作の納経帳には、以下に掲げる一四冊がある。

①「寛政九丁巳（一七九七）三月
　奉納　大乗妙典経四国中霊場

木食観正

木食観正上人供養塔
（千葉県君津市鹿野山神野寺）

木食観正坐像
（兵庫県洲本市遍照院蔵）

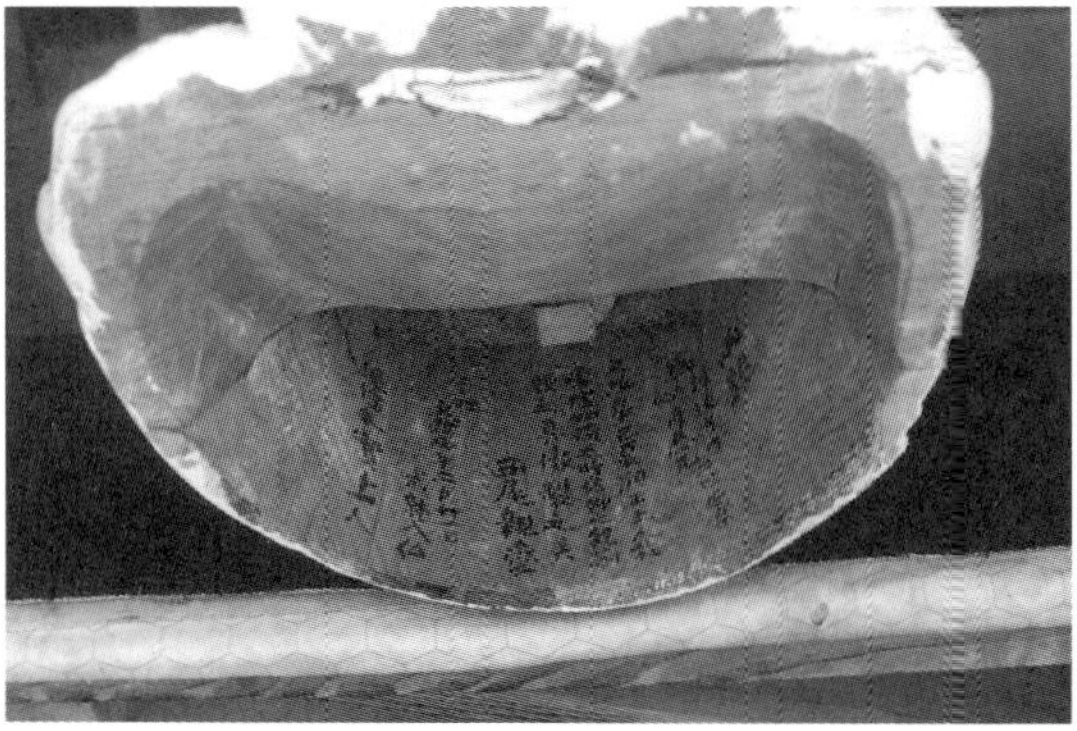

同上胎内銘

淡州洲本喜作」

② 「寛政九丁巳三月
奉納　大乗妙典経日本神社仏閣
淡州国洲本喜作」

③ 「（表紙欠）」（寛政九年八月三日より寛政十一年五月六日にいたる納経帳）

④ 「納経帳」（寛政十年十二月十八日より寛政十一年三月十九日にいたる納経帳）

⑤ 「奉納醍醐妙典淡州行者喜作」

⑥ 「御納経　享和二年（一八〇二）七月　相州大山
享和二年七月二十一日　富士山東口西寿院」

⑦ 「享和三年
御納経帳　行者主」

⑧ 「観正上人日本回国時　神社仏閣納経帳
奉納経控　洲本本行者喜作」

⑨ 「奉納経控　淡路国須本行者喜作」

⑩ 「奉納経控　淡路国須本行者喜作」

行者喜作「納経控」（洲本市遍照院蔵）

⑪「[illegible]納経控　淡路国須本住　行者喜作」

⑫「（表紙欠）」（文化七年〔一八一〇〕三月十七日より同年四月十九日にいたる納経帳）

⑬「納経帳」（喜作自身のものではない。文政年間以降、東国で宗教活動を展開して著名となった木食観正は、文政十二年六月二十一日江戸にて没している。地元洲本では文化七年以降、観正を仲立ちにして信徒集団が結成されており、この納経帳は、観正が亡くなったあとの文政十三年三月、観正上人供養として信徒が四国札所めぐりをした時の納経帳である）

⑭「（年欠）辰八月十六日四国七十番
　七月二十八日□洲八番」

これによって行者喜作は、寛政九年から文化七年にかけて十四年間にわたり、四国や西国・坂東・秩父など、蝦夷地を除くほぼ全国にわたって廻国修行していることがわかる（次頁の「行者喜作（木食観正）日本廻国略図」参照）。

廻国のコース

納経帳によって十四年間の廻国コースの概略を記してみよう。

寛政九年三月に淡州洲本を出発した行者喜作は、四国札所一番の霊山寺（徳島県）を振り出しに四国の札所寺院をめぐり、同年六月には安芸国豊田郡にいたっている。のち、安芸から周防・長門を経て、同年八月には豊前にいたり、豊後・日向・大隅・薩摩・肥後・筑前を経て、寛政

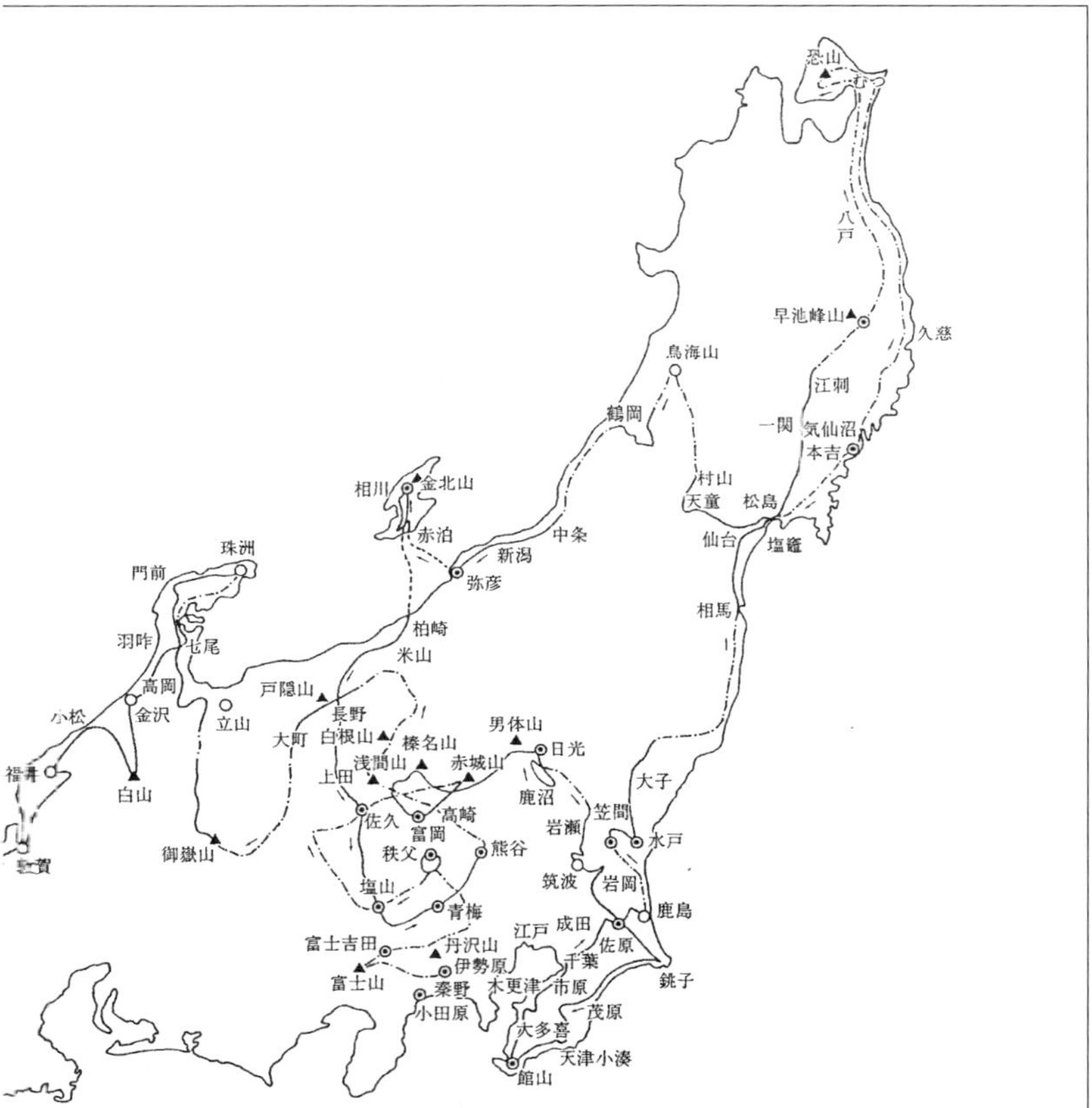

(寛政９年より文政12年まで)

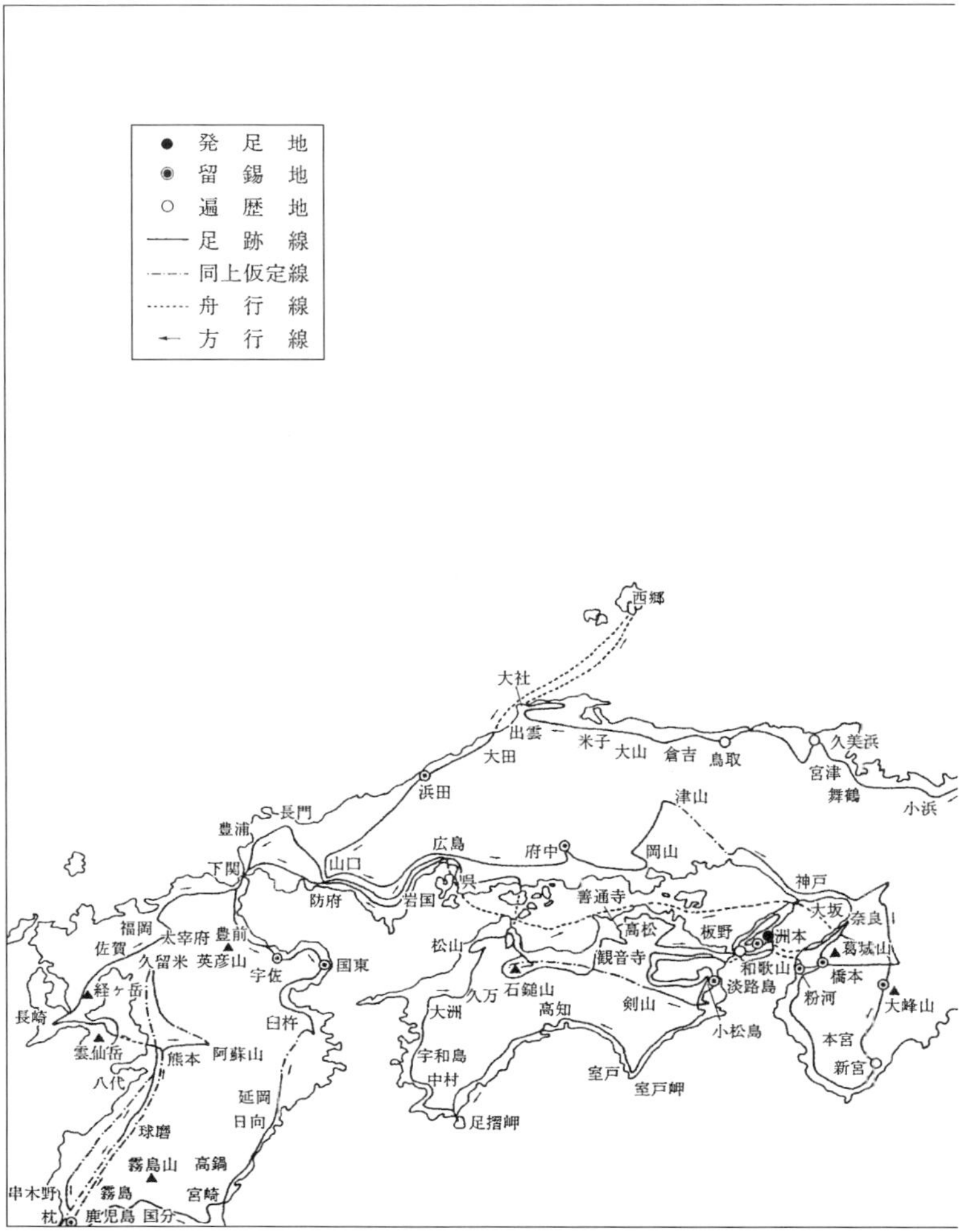

行者喜作（木食観正）日本廻国略図

十一年正月には再び長門に足をとどめている。

寛政十一年正月に長門を立ち、周防・安芸・備後・備中・美作・播磨を経て、寛政十二年三月には摂津に達している。同年三月摂津を発ったのちは、河内・和泉・紀伊・奥州を経て、同年十月にいったん淡路に戻っている。淡路では三十五日参り習俗などで著名な先山先光寺を起点に島内の真言宗寺院を廻っている。

享和二年七月、相模大山を起点に富士を参拝したのち、秩父観音三十四番札所めぐりを試み、享和三年四月には信濃・上野・下野を経て、同年八月には常陸にいたり、同年九月に下総・安

秩父札所一番　四万部寺（埼玉県秩父市）

秩父札所四番のマリア観音像

秩父札所二十一番　要光山観音寺（秩父市寺尾）

房を廻り、文化元年・二年には再び常陸国を丹念に廻っている。

文化二年三月には奥州に入り、仙台・平泉・恐山・出羽三山・越後などを経由して、文化三年六月には佐渡に足跡を残している。のち、北陸・信濃・甲斐・武蔵・信濃・越後・飛騨・越中・能登・加賀・越前・若狭を経由して、文化五年には丹後にいたっている。

丹後の西国二十九番札所（松尾寺）を発った喜作は、山陰路を廻り、文化五年七月には隠岐にわたり、のち、石見・周防・安芸・大和・紀伊を経由して、文化七年三月淡路に戻っている。淡路に戻った喜作は、一回目に戻った時と同じように、淡路国三十三ヵ所めぐりや淡州十三社めぐりなどの神社仏閣を一ヶ月ほどかけて廻っている。

逃亡の旅から修行の旅へ

こうして四国遍路や、西国・坂東・秩父の観音巡礼や、全国各地の国分寺や諸国一の宮参拝などをし、地方霊山の地などを放浪遍歴することによって宗教者としての道を歩んだわけである。しかし、享和二年までの行者喜作の旅は、逃亡者としての性格が色濃かったのに対して、享和二年以降の旅はその性格が変化していったことが、「納経帳」の記載から明らかになってくる。それは初期の七年間はあくまで行者喜作としての廻国修行（逃亡者）であったのに対して、享和二年以降の七年間は、木食観正として一本立ちした民間宗教者としての廻国であったことが判明する。

それは、享和二年以降、木食澄禅・木喰行道など近世遊行聖たちの多くが修行する時の起点とした大山・富士山をスタートし、さらに文化元年・二年には丹念に常陸国を廻っていることから理解できる。これは彼の廻国が、近世木食僧中興の祖とされる常陸水戸羅漢寺の木食観海の影響下にあったことを示しており、彼の旅が逃亡から修行・布教活動としての旅に変質していったことを明らかにし、それが、文政二年における「今弘法」（弘法大師の再来）の江戸出現となったのである。

木食仏海―渚の聖―

仏海の足跡

木食仏海（一七一〇～一七六九）については、昭和五十二年（一九七七）に松山市の郷土史家 鶴村松一氏が刊行された『木食仏海上人―日本廻国遊行僧の生涯―』（松山郷土史文学研究会）によって、その概要を知ることができる。

筆者も木喰行道（一七一八～一八一〇）・木食観正（一七五四～一八二九）らの木食僧の足跡を調べる過程で、木食仏海の足跡にも注意を払い続けてきた。いまだ未見のものが多いが彼の足跡を紹介しておこう。

木食仏海上人の伝記『遍照庵中興木食仏海叟伝』（愛媛県松山市猿川、篠原一興《いつおき》氏蔵）は、仏海の郷里である伊予国北条に住んでいた「老隠士寛応」が寛延三年（一七五〇）七月に誌したものを、その二年後の（宝暦二年（一七五二））に仏海自身が書き写したもので、末尾には「宝暦二壬申歳三月一日書之　行年四十三歳　木食仏海」とある。

この伝記は、宝永七年（一七一〇）の生誕から寛延三年までのものであるが、以下この伝記に

石鎚山遙拝所の鳥居（愛媛県西条市）

よって仏海の人となりに触れてみよう。

上人は、父を越智氏の脇田孫左衛門の後胤、母を徳永十良左衛門の末葉として、宝永七年に、伊予国風早《かざはや》郡猿川村（現・愛媛県松山市猿川）に誕生している。

十三歳にして、父母の家を出て、師を求めて越智郡内で修行をはじめる。修行場となったのは、郡内島嶼部をはじめ、四国八十八ヶ所のうち六十番の横峰寺および石鎚山周辺であり、おそらく弘法大師にならって宗教実践したものと思われる。ただし、伊予における修行が具体的にはどのようなものであったかは定かではなく、「州ノ内、周布郡、桑村郡、越智島ニ遊ブ。都三年。然不能得師範」と伝記にあるのみである。

越智島というのは単一の島名をさすものではなく、現在の生名《いきな》島・岩城《いわき》島・大三《おおみ》島などの旧松山藩領の島々をさすものと思われ、仏海は海の修行というものに特別の意味をもたせていたのではなかろうか。

三年近い修行を経て、享保九年（一七二四）、十五歳になった仏海は、近在では適当な師に出会えないため、安芸国三原（現・広島県三原市）へ渡り、「弊衣隠膚一鉢支餓宿野伏山歴、播磨地至、大坂入京都為祈出塵之大願、詣伊勢大神宮」と、まさに乞食行を実践しながら山陽道を東に進み、大坂・京都に入っている。

そして「精誠従其順拝西国三十三所霊場詣」とあるように、伊勢参宮と西国三十三ヶ所の札所巡拝をすませ、高野山を目指している。

高野山と廻国

仏海の高野山行きは当初からの目的であったが、その途次、善根宿《ぜんこん》あたりの主人なのだろうか、仏海の志を、年も若いし蓄えもないから私のところで三年間奉公（仕事）をしたらどうかと諭される。

すなわち、「那智山、紀三井寺、粉川寺、欲登高野山、宿細川村民家以宿志告、主人曰、汝若齢剰貧窮也、必可倦徧歴不如従我過三年、因茲奇寓主翁取薪水役三年、十八歳登高野山投身於一心院谷正院ニ」とある。

仏海はこの主人の言葉に従って三年の歳月、奉公をしたのち、高野山一心院に入ったのである。高野山の正法院に身を預けたものの、五年

ぜんおんの宿（徳島県）

四国札所一番霊山寺にある有田接待講の宿
（徳島県鳴門市大麻町）

食行身禄が修行した腰掛石
（山梨県富士吉田市）

仮設の四国遍路接待所
（愛媛県西条市小松町）

間はいわゆる小僧見習いとしての下働きに専念するのである。ようやく一人前の小僧にしてもらったのは「二十三歳享保十七子歳、従持宥秀闍梨落髪改衣、翌年正月廿三日出て高野山順礼」とあり、二十三歳の時、髪を剃り落とし、墨染の衣が着用できるようになったのである。

享保十八年（一七三三）仏海は二十四歳の正月を迎え、正月二十三日、いよいよ高野山を出て日本廻国の修行に出る。そして坂東三十三番の札所をめぐり、富士山頂をきわめた後、関八州を三年にわたって遍歴している。「三十三所詣、富士山禅定、偏歴関八州ヲ三年廿六歳、奥州ニイタリ、自三月二十五日、絶五穀幷塩味菜食飲水、充餓、詣湯殿山二十七歳詣」とあるように、二十六歳になると、関八州の遍歴から北上して奥州に至り、この時から五穀断ち（木食戒）を開始している。さらにこうした行者（行人）たちの溜まり場であった出羽三山の一つ湯殿山に参籠したのである。

二人の行者の影響

享保十八年（一七三三）から同二十年にかけての三年間に、仏海が二人の行者から影響を少なからず受けたものと筆者は考えている。一人は富士の行者身禄《みろく》であり、もう一人が常陸国水戸羅漢寺の木食観海上人である。

仏海が富士山禅上（禅定）に詣でたのは、享保十八年六月のことである。実はこの年の六月から七月にかけては、近世の富士山（富士講）信仰にとって重要な年であった。

弾誓上人の五十回忌に念仏講によって造立された
万治の石仏（長野県下諏訪町東山田）

食行《じきぎょう》身禄は、浅間《せんげん》大菩薩を唯一絶対神として熱烈に崇敬し、人間の基本的平等や、心正しく生業に励み、人を助けるものには菩薩の救いがあることを説き、私利私欲に走ることや、宗教をもって衣食を立てることを戒めた。そして私利私欲に走る者の栄える世を政道の悪として批判し、浅間大菩薩の世（身禄の世）の到来を自覚させるために富士山七合五尺で三十一日間にわたる断食行の末、享保十八年七月十三日入寂（入定）している。

この食行身禄の入定経過を、木食仏海は必ずや見ていたに違いない。でなければ、彼が入定の地を海の行場にある仏海庵（現・高知県室戸市佐喜浜入木）に求めたことや、食行身禄と同じ六十歳で入定するような行為をしたとは思われないからである。なお入定の地を佐喜浜入木の淀の磯に求めたことは、若い頃の修行の地であった「越智島ニ遊ブ」と無縁ではないであろう。

また、前掲の「関八州ヲ三年廿六歳、奥州ニイタリ、自三月二十五日、絶五穀幷塩味菜食飲水、充餓」という記載には、どうも木食観海上人の存在が背景に見え隠れしている。一九八〇年代以降、近世聖の祖を木食弾誓上人に、中興を木食観海に求めようとする研究の潮流があるが、江戸中期の木食行者たちの多くが木食観海との繋がりをもっていた。

仏海が、観海から木食戒を受けたという記録は未見であるが、江戸中期の木食僧たちのいわばお決まりのコースである富士山・大山の登拝、坂東三十三ヶ所の札所めぐり、そして水戸羅漢寺の観海のもとで木食戒を授けられるという、この延長線上に、仏海も存在していたとみても考えすぎではあるまい。

入定までの廻国

木食戒を授与されたと思われる翌年、仏海は「秋田千木郡神宮村法蔵寺泉眼和尚、見刻彫地蔵菩薩施興有縁修行」とあるように、秋田県千木郡神宮村法蔵寺にて泉眼という僧と出会う。この人は地蔵尊を刻んで有縁の人々に授与していたのである。仏海は泉眼にいたく感動し、自らも地蔵尊の彫刻をはじめ、有縁の衆生に施していくのである。

その後、「越後佐渡、信州善光寺、越中立山、能登石峒山(動)、加賀ノ白山、越前、近江、自其渡四国八十八箇霊屈ハイシ、又趣西国順礼、至志摩国阿乗村長寿寺、施仏既満一千体供養成就」とあるように、佐渡、信州善光寺、越中立山、能登石動、加賀の白山をはじめ、近江での修行を経て、四国八十八ヶ所、西国巡礼と廻国修行をして、三十一歳の時、志摩国の安乗《あのり》村で施仏一千体を成就している。

翌寛保元年（一七四一）仏海は、再度四国に渡り、伊予国宇摩郡（愛媛県四国中央市）の三角寺奥院に登り、高祖大師の遺跡を拝しつつ地蔵尊一〇〇〇体を二年ほどかけて製作している。

延享二年（一七四五）三十六歳になった仏海は伊予国新居郡の大島（新居浜市）に渡って一〇〇体の地蔵尊を彫り、これを小さなお堂に納めたりもした（この地蔵尊は材質は杉、高さ一五センチ、一九七七年に新居浜市の指定文化財となっている）。

大島での一〇〇体の地蔵尊をもって三〇〇〇体の地蔵尊を刻んだこととなった。三〇〇〇体の成就後は、仏海は、彫像よりも「九月、廻中国九州、書写法華妙典、理趣経、金剛般若、地蔵本願経、大仏頂大随求陀羅尼、阿弥陀経、諸陀羅尼等奉納所之道場、扶桑国中順廻成就」と、九州の地を巡錫しながら経典の書写に力を入れている。

寛延元年（一七四八）には日本国中の廻国を成就し、九月十八日より一週間、土砂加持の仏事供養を大坂天満国分寺にて行っている。

寛延二年、仏海は故郷北条猿川村に帰り、二年間というものは仏事作善に没頭している。二月には遍照庵《へんじょうあん》（現・木食庵）を復興し、善光寺本尊一光三尊の如来を刻し、本尊としている。三月には、廻国供養塔を建立、経石を納める。また、翌三年二月には遍照庵落慶供養を成就している。

その後、明和六年（一七六九）十一月に、六十歳で土佐入木の地で入定するまでの伝記はないが、三重県・愛媛県・高知県に残る地蔵尊、松山市猿川木食庵にある名号碑・鉦鼓《しょうこ》・鰐口・

仏海上人像・五輪塔墓・位牌、高知県室戸市佐喜浜入木の仏海庵にある版木・接待供養塔・本尊地蔵尊・祈願札・宝篋印塔（入定所）・阿字観本尊などによって、木食仏海上人が四国それも遍路の人々に対して道標の設置、接待所の設営などに尽力していたことを知ることができる。

菅江真澄と木食

近世の農村には、多種多様な民間宗教者が訪れて布教活動を行っていた。当時の農村は度重なる自然災害に苦しめられ、生活に追われ貧困や病気などに悩まされていたことが多かった。村々に入って来た民間宗教者の説く仏法に集まり、死後ふたたび生まれかわることを祈願したり、家内安全や五穀豊穣など、さまざまな現世利益の恩恵を得ようと加持祈禱に望みを託したのである。そうした行者の活動の足跡として、各行者独自の筆跡による「南無大師遍照金剛」「南無阿弥陀仏」などの供養塔が、全国各地に散在している。

紋織物として足利市の文化財に指定されている木食観正掛軸（栃木県足利市正蓮寺）

それらの民間宗教者の一人に兵庫県淡路島出身の木食観正（一七五四〜一八二九）がいる。彼は天明四年（一七八四）三十一歳で、洲本本實上人のもとで得度し、木食遊行僧として十四年間にわたり全国行脚をするなど修行に励んだ。

木食とは、米穀を断ち木の実を食することを常とし修行することで、そのような僧と木食上人をめぐっては、大正末年、民芸運動の創始者柳宗悦によって「木喰行道」という遊行僧に集約させられたことにより、その後八十有余年経過した今でも、「木食上人」すなわち「木喰行道」という見解がほとんどの辞典類にも踏襲されている。

諸史料から確実に把握することが可能な近世の「木食上人」は少なくとも四〇名ほどを数えるが、全国各地の自治体史などその多くが、木食上人を固有名詞として紹介している。

観正は、加持祈禱の行をもって、雨乞い、火伏せ、病気平癒、大漁祈願などの、庶民の現世利益の要求に応える精神活動を展開して、とくに文政二年（一八一九）以降、約十年間に関八州とりわけに江戸周辺で、「生き仏」「弘法大師の再来」と評されて多くの信者を集めた。

この木食観正の生没年が菅江真澄とまったく同じである。真澄は天明三年（一七八三）二月、故郷三河を出て三月信濃下伊那に入り、五月には本洗馬（塩尻市）の長興寺を経て、八月には姥捨山にて月見をしたことが知られているが、観正も天明二年近世における淡路島最大の縄騒動（百姓一揆）に参画し、のちに洲本から排斥され、天明四年に地蔵寺（兵庫県洲本市栄町遍照院）本實のもとで得度し、その後四十五年間余を漂泊の人生に明け暮れた木食行者である。まさに菅江真澄の四十六年余の漂泊人生とも重なり合っており、筆者は三十年来、菅江真澄と観正がどこかで接点をもったのではとの予測をもって調査を継続している。

そこで菅江真澄研究会に入会させていただき、会長の田口昌樹氏（二〇一六年没）に真澄と観正

について お尋ねをしたところ、「木食との接点は見いだせませんが、ただ真澄は「円空仏」に関心をもっており、蝦夷や秋田・青森周辺の記録のなかに散見されます」と連絡をいただいた。さらに『菅江真澄全集』（未来社）の中から、次の一文があることを紹介してくださった。

○十王堂一宇あり、別当駒場山正覚院

此堂に木像十三軀あり、みながら釤作り也。なかむかしに、田の中よりゆくりなう掘り出したるといへり。其形釈ノ円空が制造し小斧細工に、ことならざる木像也。円空師に両人あり、料理に鯉魚を百日つくりてその鸞刀もて髪を薙はらひ、袖を墨に染て名を円空という出家あり。また仏工の円空が事は畸人伝に見えたり。まさに此円空が作ならむかと思はれたり。円空松前に渡り、東ノ浦、臼、安婦多の山々、また多臼万弊が嶽なンどの仏を割り、西浦は、太田の山には木の伐採を立ながら仏に作りたる。円空が時代をまちまちに云ひてさだかならず。（『月の出羽路　仙北郡』二二）

というものであった。同じく、「みちのかたはらなりける木の根を、斧のあたるにまかせてつくりなせるぼさちに、きぬうちきせ手向たるも、かかしうたふとく」（前掲『月の出羽路　仙北郡』に同じ）ともあり、ともに円空に関連する記述がある。挿入されている図版は実見していないが、円空仏とは考えにくいものであり、むしろ無名の木食行者の作風と見たほうが妥当のように思われ、田口氏も私信の中で「円空仏」ではないだろうとされている。

さて、話を観正に戻そう。彼は四十五年余の漂泊人生の過程で、文化二年（一八〇五）五十二歳の三月から翌三年五月まで、現在の福島県・宮城県・秋田県・青森県・山形県内の地方霊場を巡錫している。また、真澄も文化二年から三年にかけて、現在の秋田県内の大館市・鷹巣町・二ツ井町・能代市・山本町・琴丘町・八郎潟町周辺を巡っており、このあたりに観正と菅江真澄の遭遇はなかっただろうか。観正も行道・円空と同じように多くの仏像製作に関わっており、この点もあわせて追い続けてみたい。

第二章　村に入り来る民間宗教者

霊域を求めた民間宗教者たち

近世修験道の展開―本山派・当山派の成立と里修験の定着化―

近世の修験道は、江戸幕府により慶長十八年（一六一三）に修験道法度が出されたことによって、その方向性が決められた。本山・当山両派は室町時代末期頃までには、それぞれ全国的組織を整備しつつあった。しかし、本山派が地域を一括して支配しようとするのに対し、当山派が地域を越えた個別支配を基本とする、というように両派の末派修験支配の在り方が異なっていたため、幕初以来、たびたび紛争が頻発していた。

こうした本山と当山の紛争に対し、徳川家康は聖護院・三宝院の双方に対して慶長十八年、修験道法度を下したのである。その内容は、修験道界を本山・当山の両派に二分すること、本山派の山伏が当山派の山伏から入峰役銭を徴収するのを禁止することであった。この法度によって、以下のような変化がみられた。

(1)本山派・当山派両派が幕府公認の二つの修験道教団となった。この法度は同時に、中世に武力集団化していた修験道の諸山の多くが、この法令によって両派のいずれかの統制下に

聖護院門跡の護摩場への入場（京都市聖護院）

聖護院門跡の護摩祈禱（京都市聖護院）

置かれることになった。(2)当山派の法頭寺院が三宝院であると公認されることとなった。しかし内包する問題もあった。当山正大先達衆にとっては、慶長年間の本山・当山両派の紛争に際して三宝院門跡義演（一五五八～一六二六）の政治力を頼り、三宝院に接近を始めていたものの、それに包摂されるような形態になるのは不本意なことであった。そのため近世を通じて、三宝院が当山派全体を掌握しようとする試みと、この動きに対して袈裟筋の同行山伏に補任状を出し続けた当山正大先達衆（近世期には数が減り、十七世紀後半頃までには一二先達となっていた）の執拗な抵抗とが、何度となく繰り返されたのである。

修験道法度と並んで、近世における修験道界の大きな展開は、戦国時代から順次始まった山伏の里（村）への定着化が、決定付けされたことである。いわば里修験（宮本袈裟雄『里修験の研究』

江戸の富士講中が奉納した幟
（文京ふるさと歴史館蔵）

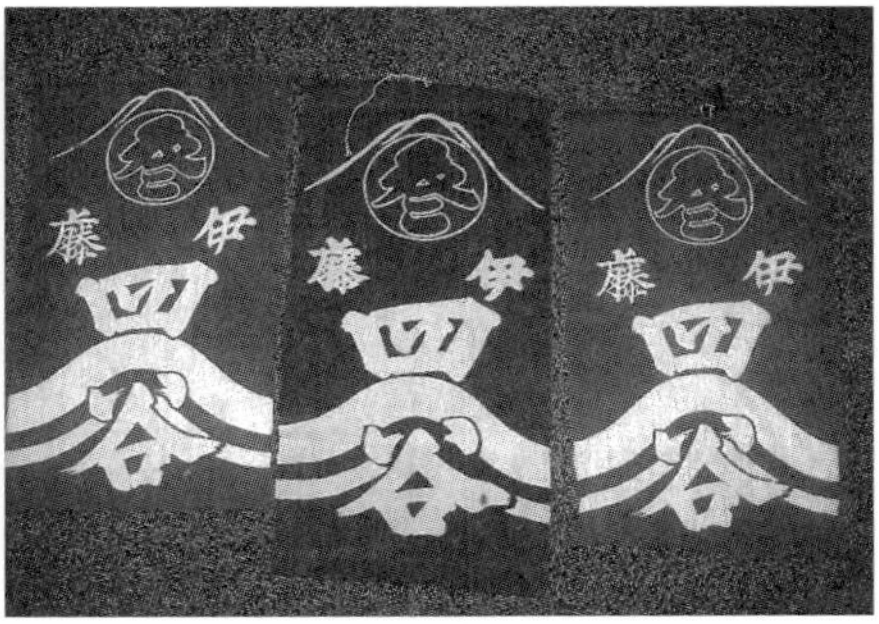

江戸の富士講中が奉納した布マネキ

吉川弘文館・一九八四年）が、村方の宗教者として活躍の場を求めていったことである。

こうした修験者の里での宗教活動への展開と、それにともなう修験道界全体の沈滞と対照的に、近世の中後期から山岳信仰にあらたな局面が見られるようになってきている。すなわち富士山・木曽御嶽山・石鎚山など、かつて修験の霊場であった山岳に庶民の集団参拝としての登拝講が簇生し、庶民の山岳登拝が隆盛することになったのである。

富士山の場合、中世に南麓の村山（静岡県）を拠点に栄えていた富士村山修験（本山派）が十六世紀頃から衰退し、これとは逆に中世末から近世初頭の行者長谷川角行（一五四一～一六四六）が北口（山梨県富士吉田市）より山頂を極め、富士講の礎を作った。その後、富士講中興の祖となった食行身禄（一六七一～一七三三）や村上光清（一六八二～一七五九）らの活動によって、江戸市中をはじめ関八州に、燎原の火のごとく富士講が展開し、富士塚も多く造られた。

富士塚（東京都葛飾区水元）

その後、修験道は、明治維新によって事実上（制度上）は解体させられたものの、明治になっても多くの修験者たちが全国を修行しつつ、あらたな地域霊場を作り上げようとする者があらわれた。その一例を唯一残された「早雲山行者追悼碑」からみてみよう。

箱根山中の修験者

近世以降の修験者たちは、修行よりも、村あるいは檀那場などに定着して、ある時は寺子屋の師匠的存在として、ある時は病気平癒に関わって加持祈禱をする行者として、里への定着化が計られていった。しかし修験者の日常的な活動についてはあまり知られていない。それは、彼らが諸史資料を残さないという特徴による。

九州佐土原藩（島津家・二万七〇〇〇石・外様大名）に仕えていた野田泉光院成亮（一七五六〜一八三五）は、文化九年（一八一二）から六年二ヶ月にわたって全国の諸霊山をめぐった日記『日本九峰修行日記』（宮本常一『野田泉光院』未来社・一九八〇年、石川英輔『泉光院江戸旅日記』講談社・一九九四年）を残しているが、これなどは修験者が地域の人々とどのような関係にあったか等を知ることができる貴重な資料だということができる。

しかし、こうした資料は稀少であり、そのため修験者と地域社会の在り方は、現在に伝わる年中行事や民俗芸能などから類推せざるをえず、そのことが、実態としての修験者像よりも、「語り」や「芸能」のなかで伝わる虚像としての修行者像として育まれることになったのであろう。

ここでは、箱根（神奈川県足柄下郡）・大山（神奈川県伊勢原市）・道了山（大雄山最乗寺・神奈川県南足柄市）周辺を中心に新しい霊場を作ろうという目論見をもちながら活躍した一人の修験者、独信行者（生没年不明）を紹介してみよう。

大山阿夫利神社（神奈川県伊勢原市）

曹洞宗大雄山最乗寺（南足柄市大雄町）

江戸時代後期から明治初年にかけて大峰山（奈良県の山上ヶ岳と玉置山との間の連峰）で修行していた独信は、明治十年代には西相模（ほぼ旧小田原藩領域）、とりわけ箱根山中（神奈川県足柄下郡箱根町を中心に神奈川県と静岡県にまたがる火山の総称）を修行の場としていた。

江戸時代や明治時代ばかりでない。いまでも大峰行者の活動は秘儀に満ちており、比叡山全域を境内とする延暦寺を中心とする千日回峰行などとともに、顕著な修験道儀礼を残している。そのなかでも捨身・入定・火定などがあげられる。三十年ほど前にフランス人のアンヌ・マリ・ブッシイ氏がまとめられた『捨身行者実利の修験道』（角川書店・一九七七年）に取り上げられた林実利《じっかが》（一八四三～一八八四）は、明治十七年（一八八四）に和歌山県那智の大滝に捨身した大峰の行者（若年より木曽御嶽山の行者となり、二十二歳から二十四歳まで富士山で修行、二十五歳より大峰行者となる）で、彼の出生地である岐阜県中津川市坂下には、この実利行者を信仰の対象とする「実利教会」が存在している。

林実利は幕末にも三年間にわたって富士山での修行体験しているが、明治十一年から十三年にかけても、次のように富士山を中心に東日本を巡礼（修行）している。

明治十一年八月廿八日

一　矢倉沢邑　立花屋　清兵衛

須走リヨリ五里半

道了薩埵江参詣

明治十二年二月廿五日

一　小田原宿　宿料十八銭　小伊勢屋佐兵衛

廿六日

一　箱根下宿　根元鈴屋　作蔵

（『捨身行者実利の修験道』より）

この林実利の活動記録によれば、彼は恐らく二度目の富士山での修行をおえて、静岡県駿東郡小山町の須走（富士登山道の東口）を経由して南足柄市矢倉沢の旅籠「立花屋」（富士講専門の宿）に宿泊した後、大雄山最乗寺（曹洞宗）に参詣し、小田原・箱根周辺を廻国している。

早雲山行者独信をめぐって

林実利が西相模を廻国していたころ、箱根山中でもう一人の大峰行者が活動していた。それが独信である。この大峰行者については、宮城野《みやぎの》・仙石原《せんごくばら》（足柄下郡箱根町）周辺では九十歳を超えたものならほとんどの者が知っているが、その具体的活動については、近年までまったく知られていなかった。

以下、独信の追悼碑「早雲山行者追悼碑」によって、その輪郭をみていこう。

この追悼碑は大正十年（一九二一）に建てられたものだが、大正十二年の関東大震災によって山津波がおこり、建碑後二年半ほどで土中に埋没し、今もって発見されていないものである。この埋没した経緯を教示してくれたのは明治三十年代生まれの方であり、その方が偶然にも、この建碑を記念して作成された一枚の絵葉書を持っており、それに追悼碑文が記されていたのである。

その碑文には、

行者あり。大和の大峰金峰に入り、修行多年後函嶺に来り、霊場を神山に開かんとせしがはたせず、明治十五年の交終に茲に断食入冠せり、噫共志成らんが良弁僧正の雨降山又ハ了庵禅師の道了山に遜らぬ一大霊境を、函嶺未開の一角に出現して深べかりしに、惜しむべきの変りなり、然れども今度、電車強羅に通じて、遊園成り、道路神山に開らけ、桜花小湧谷を埋め、又廃址古迹に建碑を見る、一に行者の前導に見ふや大なりや。

大正十年春三月

底倉高山園主

と刻まれており、明治十五年前後に、神山（箱根連山の一つ）に大山・大雄山に劣らぬ一大霊場を築こうと、里人たちにすすめ歩いていた大峰の修験者「独信行者」の姿がおぼろげながら読み取ることができる。

宮城野講社と神変講

もう三十数年前のことになるが冠ヶ岳（箱根町にある標高一四〇九メートルの山。大涌谷からみると烏帽子の形に似ていることから地元では烏帽子岳ともいう）を調査中、偶然にもこの独信行者を慕う信仰集団が東京都大田区に存在することを知り、機会があってこの信者集団が月参りをする行事に参加することがあった。かててくわえて偶然がかさなり、独信が宮城野の人々に与えた書簡も発見されたので、紹介をかねてここで独信の足跡を明らかにしておこう。

独信は、明治十九年（一八八六）に宮城野の湯川茂平宅前（昭和五十年代の当主は湯川春太郎氏）で大峰行者として火定三昧（火渡りなど）の行をしていたという。それ以前も明治十五年頃から箱根山中などでも修行をしており、彼を慕って同行集団が結成されていたとみえ、信者や講中に「病神徐誓文」などを与えている。

独信は、信者らに「病神除誓文」を与える時、病気が家に侵入してきたら、次の呪文を三回唱えなさいとよく教示していたという。

その呪文は「誓証印状」に次の通り記されている。

「吾妻大峰金峰山十六分身神変大菩薩

八大金剛童子

気賀原守護神

大天狗小天狗」

湯川茂平

（「　」の部分を三回唱える）

一、子孫代々病神等家内へ入不申候

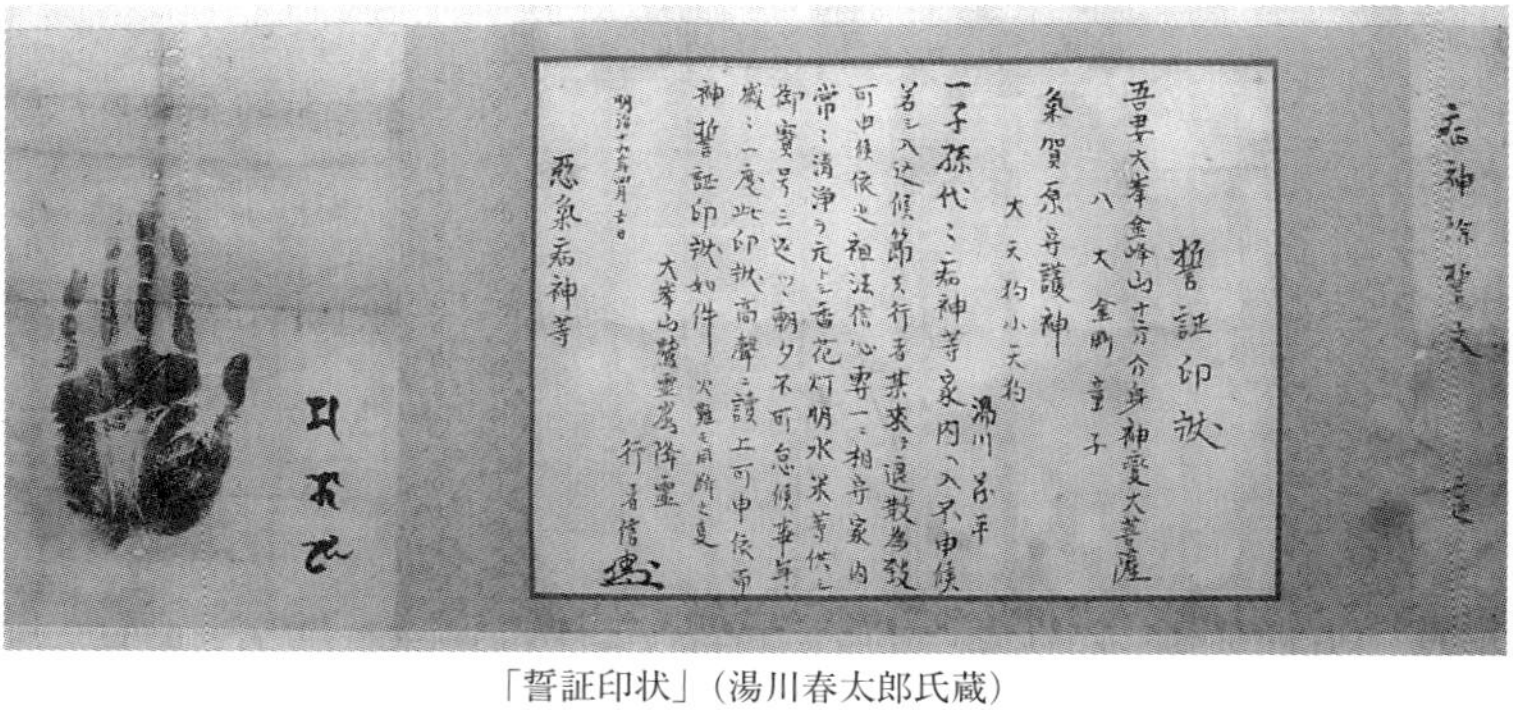

「誓証印状」（湯川春太郎氏蔵）

若シ入込総朗節者、行者某家ヲ退散為致可申候、依之祖汪信心要一ニ相守、家内常々清浄ヲ元トシ、香花灯明水米等供シ、御宝号三返ツツ朝夕不可怠続事、年歳々一度、此印状高声ニ読上可申候而、神誓証印状如件、火難モ同断之事、

大峰山鷲霊降霊

行者（花押）

明治十九年四月吉日

悪気病神等

（種字あり）

（行者手形）

内容は以下の通りである。子々孫々まで家内に病気や疫病神が入らないように祈願し、もし入ってくるようなことがあれば拙者独信がすぐさま駆けつけ、退散の祈禱を行う所存である。ついては家内とくに厠と勝手はたえず清浄にして、かつ朝な夕なには米・灯明などを上げることを忘れないように心掛け、その上に前掲した唱えを三回、大声で唱えることを遂行すること。このような旨を依頼した書状を湯川宅に託したのである（平成の時代になっても、湯川春太郎氏は、朝夕三回の唱えごとは欠かさないという）。

明治十九年四月・五月と宮城野で修行に明け暮れていた独信は、同年五月八日に次の書置きを残して、また修行の旅に出たのである。

吾妻大峰金峰山
南信坊
書置
前文御用捨山籠中故、陳者前々大峰山本部教会結衆之儀依頼置候処、夫々周旋被成千万奉賀候、猶々精々周旋有之度、某モ罷出可謝処ナレハ、雖モ行中故恐縮、次ニ某モ函根足柄満山部中修行モ終、是者山神ヘモ夫々大峰山七拾五靡ニ神変大菩薩ヲ始メ諸神仏ヲ鎮護致置候次第、第一切之生霊ノタメナレバ、後々迄奉敬被成度御依頼願中上候、出立仕候間、此殿講社一同ヘ御報知被成度、尤モ二三年相立候ハハ御目ニ掛リ御礼可申上、先ハ至急出立ノサイナレバ、クワシクハ後ビンニユズル、
百拝
大峰山
行者信
十九年五月八日
宮城野講社中

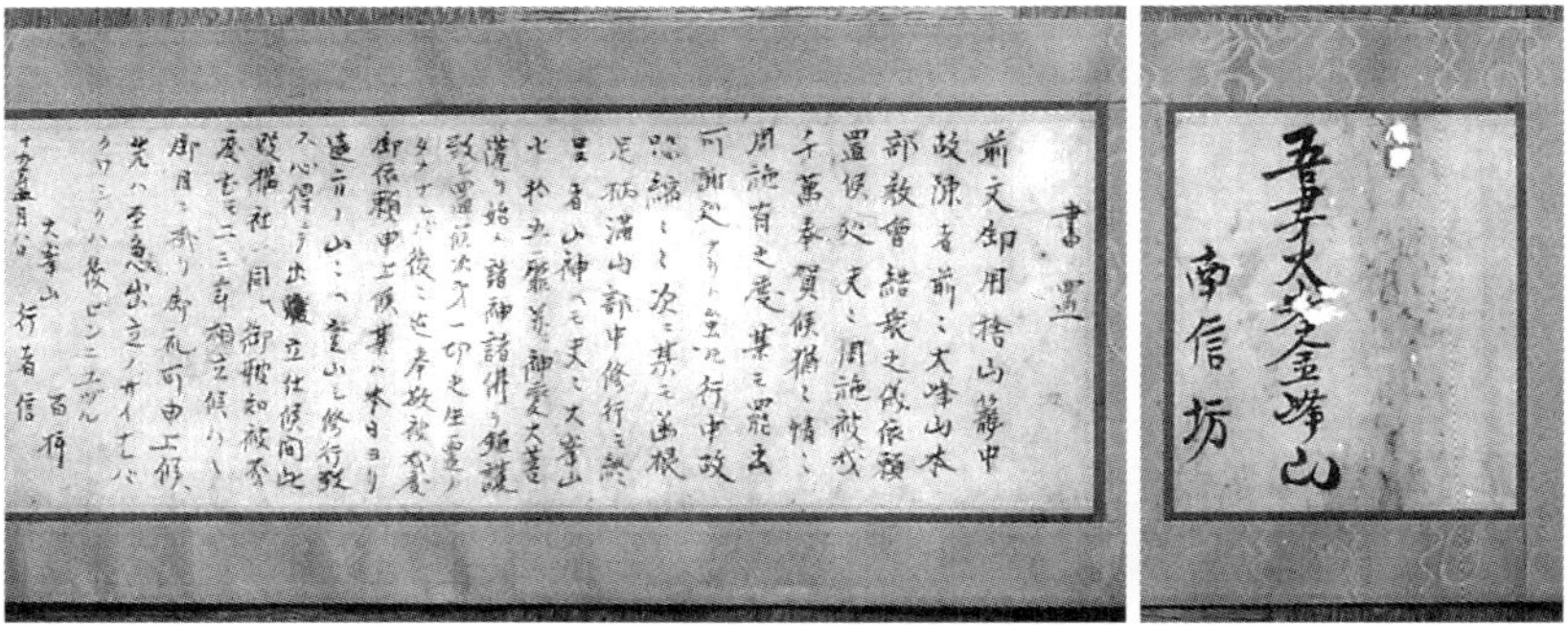

「書置」（湯川春太郎氏蔵）

そこには修験者（行者）としての理想と現実の行に対する悩みが、縷々紹介されている。これによると、独信行者は箱根山中における修行に一応の目途をつけたこと、さらに明治維新にともなう新政府の宗教政策、修験道の制度上の廃止という現実、さらには彼にとっては一番の自己修行の在り方をめぐっての葛藤のなかで、宮城野をあとにする経緯が認められている。「書置」にあるように、宮城野の講もしくは世話人には、宮城野を去る理由は「遠方の山々で登山して修行するため」としているが、講社の人々は遠方といいながらも箱根・大山・富士周辺での修行であることを願って、独信を二、三年待ったといわれる。彼が立ち去ったのち、村人は誰いうとなく独信のことを神変大菩薩に因《ちな》んで「神変《じんぺん》さん」と呼ぶようになった。

ところがついに神変さんは戻ることはなかった。そこで宮城野講社の世話役であった勝俣与兵衛氏らは、神変さんが修行したと思われる大涌谷を中心とした周辺の山々を探したが、発見することができなかったという。ところが、明治二十五年（一八九二）に冠ヶ岳山頂付近の岩屋で独信の骨や行者の持ち物と思われるものが発見された。そこで宮城野講社ではそれを懇ろに埋葬したという。いま、宮城野宝珠院には彼の墓碑がある。墓碑には、

独信行人之墓　為心願成就
明治廿五年二月
建主　　勝俣与兵衛

とある。

その後、昭和の三十年代まで宮城野では「神変講」なるものが細々と継続されてきたが、現在ではほぼ消滅寸前である。なお平成の時代になって、ごく僅かの人々によって冠ヶ岳山頂に「冠峰山神変寺《かんぷざんじんぺんじ》」という一間四方ほどの小庵が建てられている。

しかし、これに代わって、宮城野の人々を媒体としない信仰集団が昭和三十年代から活動している。それが前述（八四ページ）の東京都大田区の理容業関係者が主たる信者となっている講社であった。このように、地元ではほとんど伝承すら消滅寸前の「神変さん」が復活していることが確認できたことは、幸いであった。

このように、「独信行者」のように忘れ去られた行者たちは数知れず存在したと思われるが、修験道の本質からすると、彼らの多くは闇から闇に消えていった。しかし、一つのモノとしての石造物や、伝承、さらには稀少な文献の行間から、彼らが加持祈禱による病気治癒を行う霊能者として、また寺子屋の師匠に代表されるような教育者として、庶民に対して果たした役割は大きなものであったことがわかるのである。

村に入り来る宗教的職能者
―御師を中心にして―

御師の配札と村方の受容

筆者はこれまで、榛名山御師《おし》・江ノ島御師・筑波御師・武州御嶽御師・大山御師・富士山御師・伊勢御師《おんし》の、近世・近代における配札活動についてまとめたことがある。が、ここでは村入用帳からみた彼らの実態をみることにする。

茨城県つくば市花室大津正司家に『永代記録書捨文』と題した一冊の資料があり、その冒頭に「諸国山々御師御初穂控」という次のような控えが書かれている。

一　百文　伊勢　三百文　同村分
一　百文　宿
一　五拾文　尾裂山
一　百文　津島　宿　近年休
一　金壱分　同所御立符　村分七ヶ年一度宛
一　三拾文　香取

一　三拾文　柳津　宿
一　五拾文　大山　宿
一　百文　京都愛宕山
一　五拾文　鹿島　宿
一　百文　同所　村初穂
一　五拾文　榛名山　宿
一　五拾文　戸隠山

次の頁には寛政九年（一七九七）十一月七日の記事を認めている。同日にこの筆者の養父（花室村名主大津庄左衛門）が死去していることから、養嗣子であるこの筆者が、庄左衛門を襲名し名主となっている。『永代記録書拾文』は、名主として記録しておかねばならない重要事項を備忘録的にまとめたものであり、毎日の記録を書きとめた日記ではない。それにしても名主の引継記録に、年間の御初穂料の奉納先・金額、定宿などを認めていたことは、新任名主の役職として最優先すべきことがらが何であったかを、よく示している。

このような事実が、「近世の村落論」からほとんど欠如してきたことはいうまでもない。伊勢の御師に代表される宗教的職能者の研究としては、まず新城常三『社寺参詣の社会経済史的研究』（塙書房・一九六四年、新稿・一九八二年）があげられるが、これは社会経済史からのアプロー

雹除けとしての榛名山のお札

チであった。これに対して、近年、宗教文化史を専攻する原淳一郎『近世寺社参詣の研究』（思文閣出版・二〇〇七年）の研究が上梓されるに及んで、近世における御師の研究は飛躍的な展開をみせている。

さて、これまでの富士山・大山などの御師の研究は、大きくわけて四分類される方向性で進んできたように思える。

(1)信仰を発信した御師の歴史・組織、御師集落、御師の経済構造などをまとめた研究。

(2)信仰を受容した信者側で、御師をどのように受け入れたかという研究。

(3)御師と信者とを結ぶ参詣道や宿場などについての研究。

(4)御師が伝えた思想・文化についての研究。

(1)は歴史学・地理学・経済学、(2)は民俗学・社会学・宗教学、(3)は交通史、(4)は思想史・文

近代の「金銀出入帳」（筆者蔵）

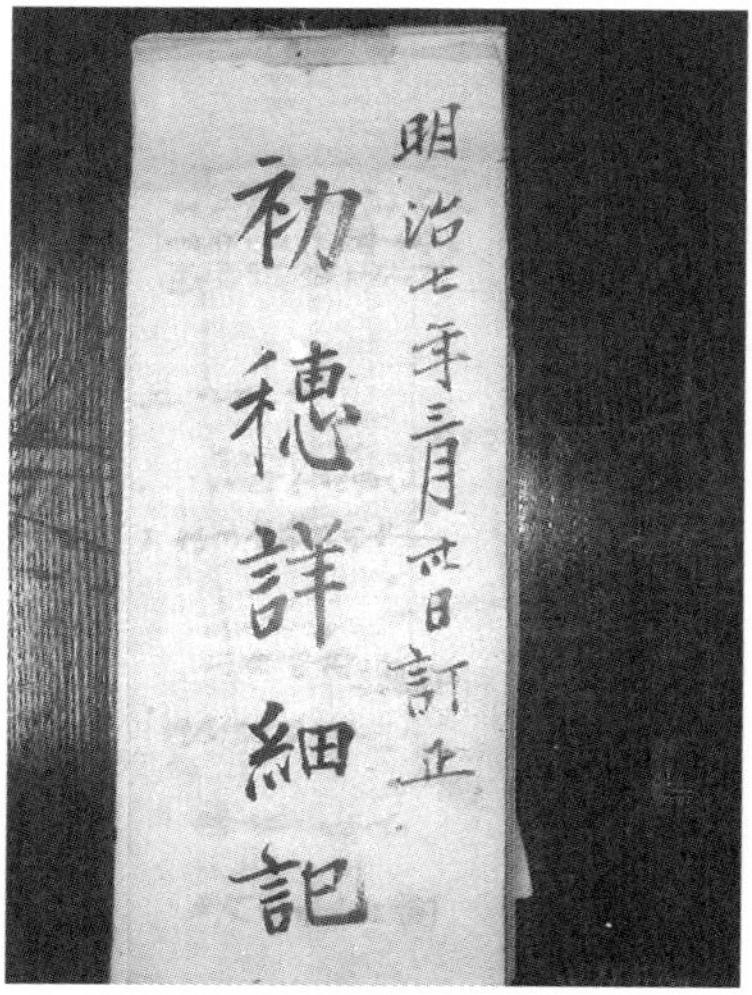

「初穂詳細記」（古橋会蔵）

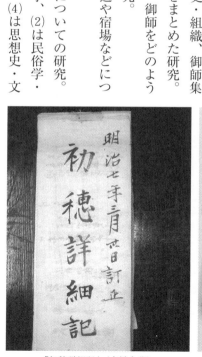

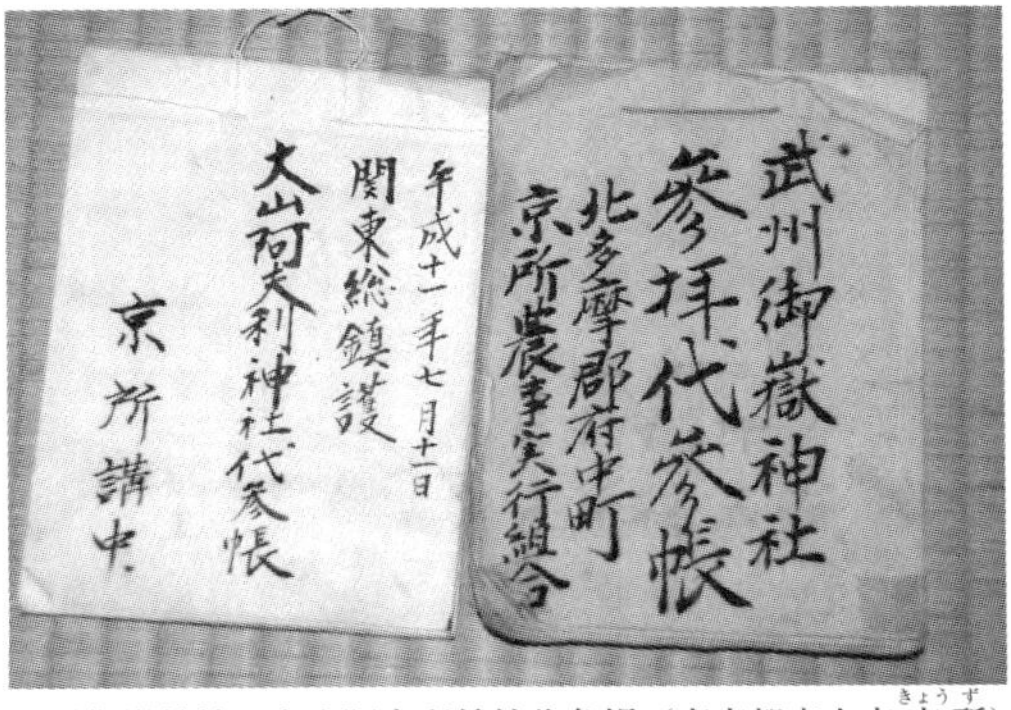

武州御嶽神社・大山阿夫利神社代参帳（東京都府中市京《きょう》所《ず》）

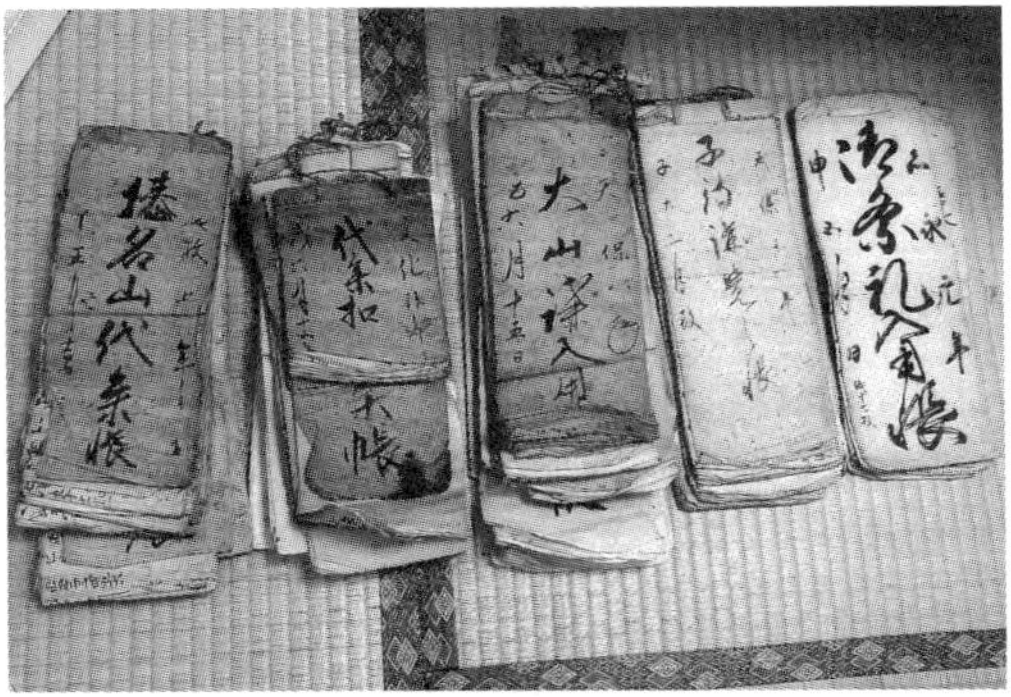

大山・榛名山代参や、子待講・祭礼などの入用帳
（東京都府中市京所）

化史などの分野での研究が中心をなしてきたようである。

富士山・大山をめぐる御師については、前掲(2)信仰を発信してきた側と、信仰を受容する側との研究が散見するが、他の地域の御師については、(1)御師の成立や集落の在り方や、御師の経済構造などが主たるものであることは歴然としている。そこで、ここでは村方における御師受容の在り方を「村入用帳」などから展望することとする。

筆者はすでに『武州御嶽山信仰』(岩田書院・二〇〇八年)、『富士・大山信仰』(岩田書院・二〇〇八年)で、御師が「村入用帳」にどのように記載されているのか、いいかえれば、村の公金が御師にいかに配分されたかを調べることで、彼らが村にどのように受容されていたかを検討したことがある。この間、筆者は全国で約三千点余の「村入用帳」を収集してきたが、そのなかから富士御師の実態の一部を紹介してみよう。

表1を見ていただきたい。これは関東地方と中部地方のごく一部の「村入用帳」に散見される御師を掲示したものである。また表2は、その村の幕末期の状況を『旧高旧領取調帳』から抜粋したものである。以下に、村方における富士御師の概略をみてみよう。

上塗戸村(茨城県)

表1の①上塗戸村は幕末期、旗本蜷川氏・大岡氏・川勝氏・山角氏・江原氏五名による相給知行で所領体制が錯綜している。村高は八四六石余。

表3を見ていただきたい。これは常陸国一五郡の相給状況を、上塗戸村周辺の四郡(真壁・筑波・新治・信太)と、それ以外の一一郡とに分けて示したもので、この上塗戸村周辺の相給支配が、とくに錯綜した地域であったことがわかる。

一般的に近世村落には、御師らの宗教的職能者が多く入り込むことが困難であったように紹

表1　村入用に見られる富士の御師たち

番号	村名	市町村名	年代	西暦	月日	金額	種類	入用帳の記載	出典	ブロック	備考
①	上塗戸村	茨城県竜ヶ崎市塗戸町	天保十三年	一八四二年		軒別	銭初穂	富士御師	龍ヶ崎市史 近世資料編Ⅱ	関東	
②	徳丸本村	東京都板橋区徳丸本町	安政三年	一八五六年	十二月廿六	弐百文	弐人泊り	富士山表口本宮 村山大鏡坊 同 役人	板橋区史 資料編3近世	関東	勧物七ヶ年相渡
③	五日市村	東京都あきる野市	安政三年	一八五六年	二月十三日	百文	御免配札	三国第一山彦口本宮 松山大別当 大鏡坊同人手代長田幸平 浅間大神宮御免配札	五日市町史	関東	嘉永五子より午迄七ヶ年相済、村方取計
④	植栗村	群馬県吾妻郡吾妻町植栗	弘化四年	一八四七年	九月九日	八百文	弐夜泊り	富士山御師弐人	群馬県史 資料編十一 近世三	関東	両日茶積ともニ
⑤	津久田村	群馬県勢多郡赤城村津久田	天保九年	一八三八年	四月六日	拾六文		富士山御師	群馬県史 資料編十六 近世八	関東	
⑥	三直村	千葉県君津市三直	天保八年	一八三七年	正月十七日	弐百文	御初穂	富士山御初穂	君津市史 史料集Ⅰ古代・中世 近世Ⅰ	関東	
			文久二年	一八六二年	二月十三日	弐百弐拾四文	泊り壱人	富士山御師	君津市史 史料集Ⅰ古代・中世 近世Ⅰ		
					十二月十四日	弐百弐拾四文	泊り壱人	富士山小松坊善太夫			
			文久三年	一八六三年	十二月十二日	百文		小松坊善太夫　御師			
						百廿一文	中食				
⑦	大滝村	埼玉県秩父市大滝	天保二年	一八三一年	十二月十五日	弐百文		不シ山	大滝村誌　資料編七	関東	
			天保三年	一八三二年	三月晦日	弐百文		冨士山様			
			文化十一年	一八一四年		金壱分ト五百三拾弐文	勧化	両度分下吉田行	大滝村誌　資料編八		
⑧	牧郷村	静岡県田方郡修善寺牧之郷	享和三年	一八〇三年	十一月	弐百文	配札	富士山　吉太夫	静岡県史 資料編12近世四	中部	是ハ五穀成就御礼料百文宛上候処、去酉年より五ヶ年の間弐百文宛ニ被相願候
⑨	穴平村	山梨県北巨摩郡須玉町穴平	文政二年	一八一九年	八月	壱匁五分	弐人泊り	ふじ御師上下弐人泊り	須玉町史 資料編　第二巻	中部	
					十二月	壱匁五分	中喰代	ふし御師中喰代	近世		

表2　①から⑨村の旧高旧領

番号	村名	領名	石高（石）	石高合計	備考
①	常陸国河内郡塗戸村	江原圭助知行	一九三・八〇七	八四六・二〇四	入用帳には上塗戸村と記載
		川勝新太郎知行	一九三・八〇七		
		大岡治右衛門知行	一九三・八〇七		
		山角徳次郎知行	一九三・八〇七		
		蜷川能登守知行	七〇・九七六		
②	武蔵国豊島郡徳丸本村	大竹左馬太郎支配所	一、〇〇〇・八九七	一、〇〇〇・八九七	
③	武蔵国多摩郡五日市村	江戸太郎江衛門支配所	四・九三三	三一二・四〇七	
		中山要人知行	二六五・九七四		
		開光院領	一六・〇〇〇		
		玉林寺領	一五・五〇〇		
		阿岐留神社領	一〇・〇〇〇		
④	上野国吾妻郡植栗村	岩鼻支配所	七七一・一三三	七七一・一三三	
⑤	上野国勢多郡津久田村	大久保主善知行	四六三・二五五	一、二八一・〇〇〇	
		前橋藩領分	八一七・七四五		
⑥	上総国周准郡三直村	代官支配所	一七・四八〇	六七一・五九六	
		赤松左衛門尉	六五四・一一六		
⑦	武蔵国秩父郡大滝村	郡代木村飛騨守支配所	一九七・〇四六	一九七・〇四六	古大滝村と新大滝村のどちらかに含まれるのか不明
	（古大滝村・新大滝村）	郡代木村飛騨守支配所	二九六・五一三	二九六・五一三	
⑧	伊豆国四方郡牧郷村	松下嘉兵衛知行	四五二・五八六	四五二・五八六	
⑨	甲斐国巨摩郡穴平村	甲府支配所	七六二・二一一	七七八・一六八	
		諏訪社領	二・一六〇		
		遠照寺領	二・五九二		
		同寺除地	一・二〇〇		

木村礎校訂『旧高旧領取調帳』より作成

表３　支配村々錯綜度

相給数	上塗戸村周辺 4郡		その他 11郡	
	村数	％	村数	％
1給	429	60.76	1179	68.95
2給	115	16.26	243	14.21
3給	63	8.92	105	6.14
4給	32	4.53	58	3.39
5給	21	2.97	46	2.69
6給	12	1.70	25	1.46
7給	9	1.28	22	1.29
8給	8	1.13	11	0.69
9給	4	0.57	7	0.41
10給	4	0.57	4	0.23
11給	3	0.42	3	0.18
12給	2	0.28	2	0.11
13給	2	0.28	3	0.18
14給	1	0.15	1	0.06
15給				
16給	1	0.15	1	0.06
計	706	100	1710	100

西海賢二『近世村落の自治と組制度—土浦藩領を中心として』（立正大学文学部卒業論文、1974年）より

介される傾向があるが、上塗戸村のような支配の錯綜する村々には、多くの宗教的職能者の立ち入りが可能であった。

「天保十三年正月上塗戸村入用帳」（『龍ヶ崎市史』近世資料Ⅱ、一九九四年）によれば、この村には富士御師のほかに、浅間御師・筑波御師・香取御師・鹿嶋御師・大山御師・妙義山御師・榛名御師・多賀御師・筑波六所御師・船橋御師・尾鑿《おぐさ》御師・戸隠山御師・大峰御師・湯殿山御師の記載がみられる。このほかに、京都愛宕山の御初穂料・棟別銭などの記載も見られ、この記載によっても、近世期の村方においては多くの宗教的職能者が受容されていた事実がわかる。

初穂料は個々（戸々）で支払うものの他、御師の定宿となった家でまとめて支払うものもあり、初穂料を徴収するシステムが確立されていたことがわかる。また御師のなかには、定例的に廻村してくるものと、不定期に廻村してくるものとがあるなど、その違いなども併せて確認

できる。

徳丸本村（東京都）

②徳丸本村は幕府領で、村高は一〇〇〇石余と近世の村としては大村である。入用帳の記載から、安政三年（一八五六）に富士山表口の村山大鏡坊の御師が勧化として七年分先渡しをしていることがわかる。大鏡坊はすでに中世末期（天文年間以降）に尾張・三河・遠江などに檀那場をもち、表口御師でも勢力をもつ御師であるが、檀那場の多くは東海地方に広がっている。これまで東国における表口の活動が少なかったといわれていることからすると、武蔵国の徳丸の地に富士講としての檀那場を有していたことは注目される。

五日市村（東京都）**・植栗村**（群馬県）

③五日市村の安政三年（一八五六）「年中諸入用書抜帳」にみられる大鏡坊は、②の御師である表口大鏡坊であることが判明する。近世後期には前掲したように表口御師の活動が停滞していたことからすれば、②と年代的にもほぼ同時期であり、大鏡坊が江戸周辺の檀那場を廻檀してきたことがわかる。また、この入用帳には、土御門配下の陰陽師が、村の公金で病気治療にあたったことも認められている。

④植栗村はこの当時、旗本土屋氏の領地で石高は七七一石余。「吾妻郡植栗村旗本御用併郷

中諸入用控帳」によれば、富士御師は一人一泊二〇〇文とあり、他の御師はおおむね一五〇文であり、当村における富士御師の優位性がみられる。

津久田村（群馬県）

⑤津久田村は嘉永二年（一八四九）から前橋藩と旗本大久保氏との相給村落で、宝永四年（一七〇七）の分郷によって上津久田（旗本大久保氏領）と下津久田（幕府領）に分かれ、下津久田とも称したが、明治六年に合併して再び津久田村となっている。しかし、近世期の郷帳類には津久田村は一村として見えており、村高は一二八一石と大村である。

ここで天保九年（一八三八）の勢多郡津久田村の入用帳にみられる支払いの実際をみてみよう（表4）。これを見れば、幕末の時代状況を反映するように、浪人・浪士が多く、一人当たり一二文となっており、金額の相場にはある程度の決まりがあったことが予想される。さらに江戸幕府の宗教統制下における既成宗教（檀家組織）に関わる者と、在地や関八州を中心とした民間信仰に関わる宗教的職能者への初穂・奉賀には、ある一定の金額が定められていたことも併せて知ることができる。しかし御師は、榛名山二〇〇文・富士山一六文・鹿嶋二四文・伊勢朝熊山三〇〇文・熱田二〇〇文・香取一〇〇文と、かなりのばらつきが見られる。これは金額の多少が信仰の在り方を示すというものではなく、定期的に村に来る者と不定期に来る者の違いが反映されているものと思われる。

表4　天保九年　勢多郡津久田村諸入用帳

月日	金額	内容
正月五日	弐拾四文	船浪人弐人
二十日	弐拾四文	浪人弐人
二十四日	弐拾四文	浪人弐人
二月六日	壱朱也	一ノ宮御師
七日	弐拾四文	浪人弐人
十六日	弐拾四文	舟浪人弐人
二十三日	百拾弐文	浪人九人
三月六日	四拾八文	浪士四人
十日	弐拾四文	舟浪人弐人
十九日	五百文	日光山
十五日	拾弐文	浪人壱人
十六日	拾弐文	同壱人
二十日	拾弐文	金掘浪人壱人
二十一日	弐拾四文	同弐人
二十六日	拾弐文	浪人壱人
四月四日	弐百文	榛名山
四日	弐百文	霊符尊初穂
六日	拾六文	富士山御師
十五日	弐百文	秩父三十四番水潜寺
二十五日	七拾弐文	浪人六人
二十八日	三拾六文	同三人
閏四月三日	弐拾四文	鹿島奉賀
十四日	弐拾四文	浪人弐人
同日	五百文	日光初穂

二十七日	三拾六文	金掘浪人三人
五月三日	拾弐文	浪人壱人
五日	弐拾四文	浪人弐人
八日	六拾文	同五人
十二日	拾弐文	金掘壱人
十三日	四拾八文	舟浪人四人
十六日	四拾八文	浪人四人
十七日	百文	浪人八人
十九日	金壱朱	紀州熊野本宮実方院
二十四日	弐拾四文	浪人弐人
二十八日	三拾六文	舟浪人三人
二十九日	七百八拾六文	甲州熊野美也御初穂
六月三日	百文	上総国傘森寺奉加
九日	三百文	伊勢朝熊山奉加
十一日	百廿四文	浪士十人
十七日	弐拾四文	旅僧二人
二十二日	拾弐文	浪人壱人
二十五日	拾弐文	舟浪人壱人
二十九日	拾弐文	浪人壱人
七月四日	弐百文	熱田御師御初穂
五日	拾弐文	浪人壱人
十六日	弐拾四文	浪人弐人
十五日	弐拾四文	浪士弐人
十六日	弐拾四文	同弐人
十八日	四拾八文	同四人
十九日	三拾六文	同三人

八月三日	弐百文	京都御室宮仁和寺内
二十一日	弐拾四文	浪士弐人
二十六日	三拾六文	浪人三人
二十八日	拾弐文	同壱人
九月一日	三拾六文	同三人
二日	弐拾四文	金ほり弐人
四日	拾弐文	同壱人
五日	三拾六文	舟浪人三人
六日	六拾文	浪士五人
七日	拾弐文	同壱人
十一日	弐拾四文	同弐人
十月三日	百文	香取御師
六日	三拾六文	浪人三人
十四日	弐拾四文	浪人弐人
二十三日	四拾八文	浪士四人
二十九日	弐拾四文	東海道戸塚宿検校弟子盲人泉谷
十一月一日	弐百文	奥州一ノ宮奉賀
十八日	弐拾四文	盲人弐人
二十日	弐拾四文	浪士弐人
二十三日	四拾八文	浪人四人
二十八日	弐拾四文	浪人弐人
十二月九日	金仁朱也	鹿島御師御初穂立替
同日	仁朱也	同末社奉賀立替
十一日	金仁朱也	大山御師初穂立替
十九日	三拾六文	浪人三人
十九日	弐拾四文	同弐人

二十二日	金壱朱也	宗玄寺殼奉賀立替
二十五日	四拾八文	浪人四人
晦日	弐拾四文	浪士弐人

『群馬県史』資料編十六　近世八より作成

三直村（千葉県）・大滝村（埼玉県）・牧郷村（静岡県）・穴平村（山梨県）

⑥三直村は、幕府領と旗本赤松氏領との相給知行であり、村高は六七一石余である。天保八年（一八三七）「三直村酉年村入用」と文久元年（一八六一）「三直村村入用立替覚帳」の異なる年代の入用帳に富士御師を見出すことができる。

天保八年正月十七日に御初穂で二〇〇文を支払っており、文久二年二月十三日に二二四文で宿泊し、同年の十二月十四日も二二四文で宿泊している。翌年の十二月十二日は、一〇〇文、中食一二一文を支払っている。ここに記されている善太夫は東口（静岡県駿東郡小山町須走）の御師と思われる。

⑦大滝村（現・埼玉県秩父市）は近世を通じて幕府領であった。とくに幕府は、中山道の間道である秩父往還の最深部に位置する栃本関所を重視するとともに、関所の手薄さを強化するために寛永二十年（一六四三）には麻生の名主宅を加番所麻生関として通行人を取り締まらせていた。その後、三峰・身延・善光寺参詣などの往来者が頻繁に通るようになると、間道としての役割がより大きくなっていたといわれている。

天保二年「村入用小遣覚帳」によれば、十二月十五日に「不シ山《富士》」と見える。さらに文化十一年「諸雑用取立方差引帳」には、「両度分下吉田行」とあるのは、御師の勧化にともなう配札が複数の年度にまたがって行われていたことを示すものであろうか。

⑧牧郷村の享和三年（一八〇三）「田方郡牧郷村入用帳」には、同年十一月、牧郷村に富士の御師である吉太夫が二〇〇文で配札を行っていることが見える。当村の平生の御札料は一〇〇文であったが、入用帳に但し書きがあり、酉年より丑年まで（一八〇一〜一八〇五）の五年間に限って二〇〇文になっていたことが知られるが、この間の経緯を知る記録は未見である。恐らく寛政十二年（一八〇〇）の御縁年による御師側の特別措置であったことが予想されるが、定かではない。

⑨穴平村の文政二年（一八一九）「穴平村入用夫銭帳」には、「ふじ御師上下弐人泊り」の記載がある。上下とあるのは、御師の配札活動に来た時と、周辺の活動が終了して帰村する時に立ち寄ったことを認めたもので、当村では八月と十二月に訪れていたことがわかる。

穴平村は近世を通じて幕初は幕府領であったがその後、一時、甲府藩領となったものの、享保九年（一七二四）以降は再び幕府領と一部寺社領となっていた。

村入用帳に見られる富士の御師たち

ごく限られた「村入用帳」から御師の廻村にともなう動向を眺めてきたが、これがそのまま近世期の御師の活動とするのは早計と思われるが、一応まとめておこう。

(1)毎年定期的に村を訪れる。「上塗戸村入用帳」などに見られる。

(2)三年もしくは七年ほどの間隔で不定期に訪れる。「徳丸本村勧化控帳」などに散見するように、富士御師が七年周期、迦葉山別当弥勒寺が七年周期、幸手不動院が七年周期、遠州光明寺が三年周期、甲斐国金峰山社が七年周期などである。

(3)配札日程にもよるが毎年二回訪れる。「(大滝村)諸雑用取立差引帳」「穴平村入用夫銭帳」に見られるように「ふじ御師上下弐人泊り」とある。

(4)本論では提示しなかったが、特定の村にはじめて入ってきて信者層を獲得するための布教活動をする宗教的職能者の存在もある。

この(4)に関連しては、十九世紀以降、津島の御師がとくに伊勢参宮にともなう道者たちに対して行ったもので、参宮のついでに津島にも参詣してほしいという「口上書」を、尾張・三河・遠江・駿河・伊豆・相模・美濃・甲斐あたりに手広く配ったことが確認される。一方、宗派をこえて多くの信者を集めた信濃善光寺でも、近世後期には「講中」の簇生を促す活動を自ら展開している。以下にその史料を掲げる。

「　信濃国
　善光寺　　　加茂郡万人講中
　　　　　三河　　　　　」

此講ニ御加入之衆中ハ法名俗名大帳ニ記し、於御如来前ニ毎朝回向有之御参詣之節は御内陣入、焼香ニ相成誠ニ難有仕合、尤講銭十疋直納可被成候、講銭相積り候得は永大御開帳相願可申候、当年より拾ヶ年之内御参詣相成候、百御龍帳被下候得は御加入之印ニ御座候、講銭ハ御参詣之節御持参可被成候、十ヶ年之内ニ壱万人之参詣ニ致度、信願ニ候、仍て万人講と名附、四方之信者御参詣可給候、以上、

三河加茂郡講元

足原村　河合真硯

丹波村　山田久左衛門

綾渡村　藤沢彦十郎

御内　水野弥次左衛門

（愛知県豊田市稲武町古橋会所蔵）

これは幕末の安政四年（一八五七）に奥三河、現在の愛知県豊田市周辺の村々に対して、善光寺講としての「加茂郡万人講中」への参加呼びかけを行ったものであり、ここには、御師と同じような宗教的職能者の介在が深く関わっていたことが、自ずと理解されるであろう。

ここまで村に入ってきた御師の一部を紹介してきたが、これら宗教的職能者に村方がどのように反応してきたのかを、金額的に限ってみると、ある程度の決まりごとがあったことが読みとれる。

(1) 一〇〇文・二〇〇文などきりのいい金額。

表5　江戸周辺寺社の開帳・勧化など

	出開帳	居開帳	勧化
大山寺			寛延4 万延元 慶応2
平間寺（川崎大師）	安永3（回向院） 文化3（回向院） 天保10（回向院）		
武州御嶽山	延享元（護国寺） 文化6（橋場明神）	寛政4	文化3
最乗寺（大雄山）	天明4（回向院） 文政2（渋谷長谷寺）		
新勝寺（成田山）	元禄16 享保18 宝暦元 寛政元 文化3 文化11 文政4 天保13 安政3	元禄14 文化4 文化12 文政12 天保6 天保15 安政2 安政4	

武州御嶽山のお札を田畑に立てる

成田山新勝寺（千葉県成田市）

(2) 六・一二・四八などの六の倍数の金額。

(3) 一六・一一六など、一の位が六で終わる金額。

また富士山の御師に限らず、富士山の文化をグローバルに考える必要性があるかもしれない。たとえば、近世を通じて寺社の宣伝行為（御師の経済基盤などの拡充とからめて）と幕府との対応関係を見ることも可能となるのではないだろうか。

表5を見ていただきたい。これは江戸周辺の寺社の開帳や勧化の一部を掲げたものである。こうした大山寺・平間寺（川崎大師）・武州御嶽山・大雄山最乗寺・成田山新勝寺などの事例からも、近世的な展開をみせた諸寺社にあって、その信仰圏の拡大を図るに当たってとった行動は、それらの寺社の由緒を宣伝することの他、御師らをはじめとする宗教的職能者らの活動や、幕府などに対しての働きかけが重要であったことがわかる。

陰陽師指田《さしだ》摂津藤詮《ふじあきら》の旅

陰陽師ブーム

ようやくおさまりつつあるが、近年、陰陽師が話題になっている。平成十五年（二〇〇三）の秋にはブームを反映して「陰陽師」の映画パートⅡが上映された。そのほか全国各地の博物館・美術館などで、平成十五年だけでも高知県立歴史民俗資料館「特別展　あの世・妖怪・陰陽師　異界万華鏡」、京都文化博物館「安倍清明と陰陽道展」といった妖怪や陰陽師に関連した企画展示が開催された。

筆者は京都文化博物館のオープニングセレモニーに参加する機会に恵まれたが、午前十時の開場にはもう数十人が待ち構えるというほどの盛況ぶりだった。またこの列の中心は若者で、それも場所が京都だからなのかそれとも祇園祭との関係か、七月・八月の会期ということもあって浴衣がけの女性が多数見られたのには、陰陽師ブームを目のあたりにした思いであった。さて会場に入ってもっと驚いたのがこの若者たちの展示物に対する興味の示し方であった。

この展覧会では、安倍晴明の実像を明らかにするとともに、晴明の画像・彫像を一堂に展示するほか、国宝・重要文化財を含む陰陽道の文献・絵画・彫刻などにより、その歴史を本格的に紹介していた。ところが会場には、陰陽師ブームの火付け役となった夢枕獏の小説『陰陽師』の紹介や、村上豊の挿絵原画、それぞれ小説を原作とする岡野玲子の漫画の原画と、映画（野村萬斎主演）の衣装なども展示されていた。彼らは前記の歴史的な展示物にはほとんど見向きもしないで、これらの作品を見るために走り回っていて、通常の博物館展示とは異なり、正直あっけにとられてしまった。

陰陽師研究

さてブームとしての陰陽師ではなく研究領域としての陰陽師研究も、一九八〇年代以前ならば考えられないような勢いで、このところ宗教史・民俗学などの学界内部で市民権を得たような状況である。時宜を得たように日本宗教民俗学会では第一三回大会のテーマとして「陰陽道と宗教民俗」が取り上げられ、おそらくこれだけの報告者は一つの専門分野では到底集められないような陣容であった。以下にその大会の一部を紹介する。

開催日　二〇〇三年七月十二日（土）　午後一時から六時
会場　大谷大学　響流館三階　メディアホール
報告者・内容
　鈴木一馨「近世陰陽道祭儀の分析」

梅田千尋「近世京都における陰陽師の活動」
林　淳「神事舞太夫の家職争論・神子をめぐって」
山本義孝「甲斐国における中世末期の民間陰陽師の足跡」
小池淳一「東方朔と八百比丘尼―陰陽道の伝承態―」
斎藤英喜「高知県物部村いざなぎ流の祈禱世界
　―修行する姫宮、博士の系譜をめぐって―」
木場明志「コーディネータによるコメント」
小松和彦「特別講演　民俗社会の中の「陰陽師」の存在形態」

報告者・講演者は、まさに近年の研究をリードする面々で、しかも学際的なものであった。進行役（裏方）を務めた者として、自分の関心に添って内容に触れておきたい。

鈴木報告は『陰陽道―呪術と鬼神の世界―』（講談社・二〇〇二年）にまとめたものを普遍化させるもので、宗教史の立場からの文献操作による祭儀の分析報告であった。梅田報告は二〇〇二年度の日本史研究会における大会報告を要約するようなもので、かつ文献史学の立場から民俗学の不得手な一面を報告するものであった（梅田氏は、その後研究を集大成された。『近世陰陽道組織の研究』吉川弘文館・二〇〇九年）。林報告はすでに多くの近世における在地の陰陽師の活動を精力的にまとめている延長線上で、神事舞太夫と陰陽師の家職争論を紹介された（林氏は、その後研究を集大成された。『近世陰陽道の研究』吉川弘文館・二〇〇五年、『天文方と陰陽道』山川出版社・二〇〇六年）。

山本氏は、考古学と宗教史をベースにしつつ、すでに九州北部の山岳信仰遺跡や、静岡県内における院内と呼ばれる陰陽師たちの集落を発掘調査し（「遠江国飯田院内集落の構成と動向」〔『山岳修験』二一、一九九八年〕）、これまでの文献と伝承を中心にした陰陽師集団の屋敷地について考古学の面から問題を提起するなど、近年際立った活躍を見せているが、今回の報告も、山梨県内の山岳信仰遺跡を調査する過程で、「陰陽師集落」が見出されていった経緯を紹介した貴重なものであった。

小池報告は、氏のここ二十年来のテーマである「東方朔と陰陽道」研究の一端を民俗学と書誌学の立場から紹介したものであった（小池氏は、その後研究を集大成された。『陰陽道の歴史民俗学的研究』角川学芸出版・二〇一一年）。

斎藤報告は、国文学・神話学の立場から高知県内のいざなぎ流の祈禱世界を紹介したものであるが、氏が何度となく強調していた、「いざなぎ流」は陰陽師でないという発言は妙に新鮮味があったが、それは筆者だけの思いすごしであろうか（斎藤氏はその後研究を集大成された。『陰陽道の神々』ミネルヴァ書房・二〇〇四年）。

小松氏の公開講演は、いわば「いざなぎ流」を紹介しつつも陰陽師の全体像をもう一度民俗社会のなかで問い直していくことの必要性を指摘するもので、貴重なものであった（小松氏は、その後研究を集大成された。『いざなぎ流の研究　歴史のなかのいざなぎ流太夫』角川学芸出版・二〇一一年）。

さて前置きがながくなってしまったが、「いざなぎ流」と同じように「陰陽師」として完全に括りきれないが、それでいて「陰陽師」的な活動を行い、かつ文献に登場しないような「民間宗教者」が多数在地にいたことは知られていた。しかしこれまでの「陰陽師」集団を研究する切り口は、以下の二つに分けられ、「陰陽師」の実態を明らかにはできていないと思われる。

一つ目は、「陰陽師」を近世の幕藩体制という枠組みで括ろうとするもので、平成十四年の日本史研究会大会報告においても踏襲されたように、「本所」論のなかで把握しようとする動きである。これは当然、一九八〇年代に歴史学研究会の大会における高埜利彦の報告に代表される制度論の範疇で「陰陽師」らを位置づけていく方向性といえる（高埜利彦『近世日本の国家権力と宗教』東京大学出版会・一九八九年）。

二つ目は、林淳《まこと》に代表されるもの（「近世の陰陽道」「陰陽道の活動」〔林淳・小池淳一編『陰陽道の講義』嵯峨野書院・二〇〇二年〕）で、制度論を認めつつも在地における陰陽師たちの横の繋がり、いうなればネットワークによる「陰陽師」集団の活動を把握することの必要性を説いている。

この方向性はどちらも認めざるを得ないものと理解しているが、この範疇に入らない「陰陽師」的存在は、身分的周縁論や陰陽師たちのネットワーク論だけでは捉えきれないであろう。彼ら「民間宗教者」の実態を理解するためには、彼らを受容した人々や村方の受容体制までも視野に入れなくてはならないであろう。

指田藤詮の旅日記から

そこで以下に、「陰陽師」として近年研究者の耳目を集めてきた東京都武蔵村山市の指田摂津藤詮の旅日記をもとに、陰陽師の活動の一端をみていこう。

武蔵国中藤《なかとう》村（現・東京都武蔵村山市）に住んでいた陰陽師指田藤詮の父福明は、百姓であったが、占いを得意として、近隣でも好く当たる評判を得ていた人物で、多い日には一日に五〇人から一〇〇人もの男女が押し寄せたという（林淳「「指田日記」に見る村の陰陽師」〔『人間文化』一一、一九九六年〕）。指田藤詮は父親の跡を継ぐことになるが、村内の特定な神社の神職をつかさどることはできなかった。そこで藤詮は二十三歳（文化十四年〔一八一七〕）の時、指田家の菩提寺である長福寺に、原山神明宮の神職になることを願い、ようやくにして翌文政元年（一八一八）に神職たる許可が出た。この許可が出たことによって、文政二年、藤詮は武蔵・相模・甲斐三ヶ国に、いわば「襲名披露」としての旅（修行）を一ヶ月近くにわたって行っている。この時の記録が「旅中日記帳」として残されている。

「（表紙）
旅中日記帳
文政二己四月月（日カ）
武州狭山之陽村山

指田摂津藤詮」

紙幅の関係から、藤詮の旅のルート、とくに平生のルートと異なる部分、旅の道中にてさまざまな行者と遭遇している部分、さらには巡礼・札所・御師・木食・陰陽師・舞太夫・巫女などと積極的にかかわっていた部分のみ抜粋して紹介する。

覚

○十六日、小金井通りより堀内妙法寺ニ参詣
十六日　江戸
一　泊り　四ッ谷
○十七日、天気故浅草観音にまふで、七ッ半時四ッ谷迄立かへり候処、乙幡氏旅宿ニて対面
○廿三日、雨天、金目観世音は坂東七番と承れは是ニ参詣し、其より此所の山王の祭礼日とて参詣の人群聚故、是ニ詣候所、海蔵と申道人ニ呼留られ酒肴を給り、終日帰宿
○廿五日、くもる、荷物は大畑村宿にあつけ置、ここを立て丸島村より三の宮比々多神社は、延喜式の社と承れは是ニももふてぬかつき、其よりミの毛大山波多野弐拾余村遊歴し、格別の旧地不聞は同国東田原ニ出

○廿七日、五ッ時に立て、（中略）此処ニ而しばらくしあんし、此山中可人なし、山中の住居は川附にあらざれハ不叶、此川伝へに行けば必定二三里の間ニ家ありぬべしと思う所江、年の頃五十有余の男、色黒く白髪斑ニはへたるが、山刀腰にさして此谷へ下り来るさま、是そむかし頼光山入のせつ住吉明神ニ合い給ひ、又山中にて異人にあひしもかくやありなんと思ひ道をとひければ、此のもの答て、ここは人の通行する所にあらす狩人の道也（中略）

廿七日　相州足柄西郡

一　泊り　牛島村

○廿八日、昨日七ッ半時より雨降、今朝五ッ時止、千津島・吉田島・金井島・牛島・八幡大王・山王所々礼拝し、小田原より甲府・駿州江の通りあり此処ニ至る、八ッ時より風吹く

廿九日　相州西郡

指田が訪ねた相模三之宮比々多神社の宮司と巫女
（神奈川県中郡大磯町神揃山の国府祭にて）

一　泊り　刈野一色村

○晦日、晴天、暑気つよく此分ニ而はなりがたく、上方江も不行、和田鎮守ニ詣て小田原へ心懸候処、久野と申所に俗に今弘法と称す観正上人御着の由承り候故、是ニ立寄、小田原所々見廻り、又々飯泉ハ坂東五番と聞きければ是ニ立寄、終日世の無常ヲ思ひ楽しみ日記を印し、所々見物する内、不思議ニも古郷の人にあひ同道すへきのよしなれども、此人々は観正上人江行る故、言を約し別れける

晦日　相州西郡

一　泊り　曽我別所

○閏四月朔日、天気、曽我祐信の五輪塔ニ立寄見れとも一字も不知ども、其丈壱丈余もありていと古まかし、曽我百日瘧を煩し処も此村のよしなれども是ハすて置き（中略）

三日　相州愛甲郡

一　泊り　田代村

○四日、昨日より大雨、本山の修験と同宿、此者生国ハ会津ニ而当時江戸ニ居よし、身の廻りと申すハ、ひとへの白衣ニ浅黄とおほしききれきれの衣と覚しきもの着し、色々のおかしき噺しあれとも略す、大雨ふる故可急に

もあらされは、昨日もらひしさば此修験とニ（ママ）にて食し、四ッ時にここも立て壱里余の峠を越、津久井県ニ至る処、又々諸国順行の僧と同道し、道々の噺のうえ、此僧の持たる仙人の像をほめけるに此僧曰、拙僧事は諸国順歴のものなるが、或時は野にもふし山にも二夜三夜を明せし事あり、諸国山国ニ入ては二三日も人家無事あり、尊丈も諸国順行と見へたり、其用意こそ肝要也、夫を守り給ふ、愚僧は此近辺に庵をもてば、貴丈に是を憚るべし、朝夕尊敬怠事なかれとひとつの根付を呉ける故、是をもらひ、鳥屋村ニて別れる（中略）

七日　　　甲州郡内鶴郡

一　泊り　　新倉村

八日、曇る、八ッ時より雨降る、今日吉田浅間社に参詣、武運長久を祈り、其より甲府道松山・船津を通り、水海のまわりを一日まわり、浅川、川口御師中食し、大石村ニ着ニける、神主梶原出雲に立寄（後略）

○

この道中日記によると、指田摂津藤詮の旅は単なる観光遊山的なものではなく、南関東の農村および、甲斐国を中心とした民間宗教者や在地に展開する民間の流行神となった土地などを巡回したもので、その巡行ルートは平生のものとは著しく異なり、あえて沢や山間部を闊歩しながらの旅であったことが歴然としている。

それにしてもこの旅で出会った民間宗教者は、彼が立ち寄った相模国に限ってみれば、小田原藩領の陰陽師の中心的存在であった宮の台（現・足柄上郡開成町）の舞太夫、戦国の後北条氏以来の小田原宿の神事舞太夫・音曲舞太夫、さらに文政元年から十二年にかけて小田原藩領域を拠点に江戸でも大評判になった近世最大の生き仏と称された淡路島出身の木食観正（一七五四〜一八二九）、天台系の本山派山伏や、大山・富士山に関わる御師などであり、神職を許可された藤詮にとって、まさにお披露目の旅であったことは間違いない。

さらに指田藤詮は、陰陽師として三十八年間にわたって多摩周辺の荒井村（日野市）・福島村（昭島市）・石田村（日野市）・宮村（日野市）など特定の定宿を拠点にして定期的に配札活動を展開していた。そういう点で今後は、研究者の設定した枠組みや図式に当てはめた「民間宗教者」のイメージを変える必要に迫られてくるであろう。

第三章　庶民の霊地参詣と遊山

羽黒修験道と飯豊山信仰
―道中日記が活写する みちのくの山岳信仰―

東北地方の修験霊山

東北地方の修験霊山としては、恐山（青森県下北郡）、岩木山（青森県中津軽郡・西津軽郡）、岩手山（岩手県岩手郡）、早池峰山（岩手県下閉伊郡・稗貫郡）、大平山（秋田県秋田市・北秋田郡・河辺郡）、山伏岳（秋田県湯沢市・雄勝郡）、鳥海山（秋田県由利郡・山形県飽海郡）、金華山（宮城県牡鹿郡）、蔵王山（宮城県刈田郡・柴田郡、山形県山形市・上山市）、羽黒山（山形県東田川郡）、月山（山形県東田川郡）湯殿山（山形県東田川郡・西村山郡）、飯豊山（福島県耶麻郡・山形県西置賜郡・新潟県東蒲原郡）、安達太良山（福島県二本松市・郡山市・安達郡・耶麻郡）、磐梯山（福島県耶麻郡）などが著名である。

湯殿山大神（山形県酒田市）

東北地方全域の山岳信仰を鳥瞰することは戸川安章氏らの研究にゆだねるとして、ここでは出羽三山（羽黒山・月山・湯殿山）、飯豊山を中心にして紹介する。

雪の境内が熱気をはらむ羽黒の火祭り

出羽三山というのは、月山（一九八四メートル）、羽黒山（四一九メートル）、湯殿山（一五〇四メートル）をいい、従来三山一体として信仰されてきた。なかでも庄内平野の東方に一番高く仰がれる月山は、北方に聳える鳥海山とともに人々の信仰を集める修験の霊場であった。湯殿山神は大山神とも称され、農業の神として信仰されていた。その御神体は山頂にわく霊泉だといわれている。

羽黒山は低い山であるが、出羽の国府に近く目立つ端山として、そこに出羽国魂神社ともいうべき伊氏波《いでは》（出羽）神社が祭祀され、広範に崇敬されるに至った山である。

平安時代になると、修験道が展開していくなかで羽黒山頂に三山を合祀した三山神社が創建された。そこは三山の登拝口で至便がよかったことから、いつしか出羽三山信仰の中心地となり、また羽黒修験道の本拠地となった。修験道の発達につれ、山岳そのものの信仰だけでなく、社殿祭祀へと信仰の様式が移ったためである。

羽黒修験道の成立については、崇峻天皇の皇子で仏門に入った蜂子皇子の開山で、役小角《えんのおづぬ》も入峰修行したと伝えられるが、詳らかではない。

羽黒修験の初見は貞元二年（九七七）とされているが、盛況時は平安時代末期以降と見るべき

湯殿山山籠行者即身仏碑
（山形県酒田市日吉町）

即身仏の寺海向寺（山形県酒田市日吉町）

出羽三山合祠殿（山形県鶴岡市羽黒町手向）

であろうか。また『義経記』に羽黒修験が源義経の奥羽行きに密接な関係があったと紹介されており、当時から羽黒修験がこの地に勢力を誇示していたものと思われる。

出羽三山信仰の中心、三山神社は、文政元年（一八一八）の再建であるが、権現造を基調とする建築である。社殿の前には鐘ヶ池の霊池があり、その池中より和鏡を中心とする古鏡五〇〇枚余が発見された。この池は羽黒権現の御手洗池と呼ばれ、羽黒信仰の中心をなすべきもので

羽黒山鐘ヶ池（山形県鶴岡市羽黒町手向）

羽黒山の五重塔（山形県鶴岡市羽黒町手向）

手向の黄金堂に奉納された草鞋

湯殿山鉄門上人供養塔（山形県）

あったことを物語っている。

羽黒山にはその他、室町時代に建造された東北最古の三間五層の五重塔がある。

また出羽三山神社の発展にともなって、修験者の修行も羽黒山を起点とするようになった。さらに神仏習合のもと、羽黒の観音、月山の弥陀に対し、湯殿権現は大日如来としてもっとも神聖視され、これを奥の院とした。これにともなって修験の入峰修行は羽黒山に始まり、月山で苦難にたえ、湯殿山に入ることを順の入峰とし、湯殿山から羽黒山へ出るのを逆の入峰とした。その結果、羽黒門前集落手向《とうげ》が順逆ともに入峰修行の基地となったのである。

羽黒修験道の修行のなかで、最たるものが峰入である。

その第一は春峰で、正月元日より十七日の

「つつが虫」　手向の集落にて

間、羽黒権現社にて読経・勤行に奉仕し、その年の吉凶を占うなど、新春を祝う儀礼的なものである。

　第二の夏峰は、四月三日の月山の山開きから、八月八日の山閉めまでの諸行事で、羽黒権現社前での諸奉仕から始まり、七月十三日には月山頂上で柴燈護摩を執行し、翌十四日には湯殿山へ向けての駈入修行が続き、八月八日に終わる。夏峰の間は、羽黒山門前集落の手向《とうげ》村の人々は、八つの集落から二名ずつの頭人を選出して、精進潔斎し、八十八夜（立春から八十八日目。陽暦五月一・二日頃にあたり、播種の最適期とされている）以後に月山・湯殿山を巡拝し、下山の時に、月山にある花切場から石楠花《しゃくなげ》をとってきて、集落の人々に配ることになっている。村人はこれを田の水口にさして五穀豊穣を祈願するのだという。

　第三の秋の峰は、諸国山伏出世の峰と称され、末派修験者に位階昇進の機会をあたえる行事とされている。

　第四の冬の峰は、九月二十日にはじまり十二月晦日に終わる。この間、松聖と称される老練な修験者二人を指導者とする修験者の修行が行われる。この間の修行者はまさに厳しい精進潔斎に終始し、その結願の十二月晦日から元日の早朝にかけて、松例祭が行われる。その中の圧巻が羽黒の火祭りとして著名である。

なかでも悪魔に擬した「つつが虫」とよぶ大松明《おおたいまつ》を松聖が焼く行事は、邪気を持った悪鬼を退散させる行事として行われている。一般の参詣者はその松明の「年火」を分けてもらい、持ち帰って神棚の御燈明とすることが多い。

羽黒の火祭りの時には、山麓からかけ登った若者らが裸でひしめき合い、三山神社境内の雪の中の熱気をはらんだ情景は、羽黒の冬の風物詩そのものである。

羽黒山の修験者はこうした修行によって、強力な呪力・霊力を身につけた。羽黒山が中世以来みちのくの地に勢力を振るったのは、そうしたことが有力な豪族や大名の支持を得たためである。

『湯殿山道中覚帳』

次に筆者の手元にある元治二年（一八六五）の『湯殿山道中覚帳』（筆者蔵）に注目してみたい。この文書は、大橋村（現・福島県南会津郡南郷村大橋）の同行八人組である新五郎・八十治・善吉・安蔵・与七・幸蔵・忠太・甚治郎が、厳寒の二月十七日から三月二日にかけて湯殿山に参詣した貴重な記録である。

このうち湯殿山内周辺の部分のみ抜粋してみよう。

御山惣仕切

一　金弐朱ト百文
一　金弐朱　　家内安全護摩
一　六拾五文　　　御札
一　二月廿三日
一　三百三拾六文　志津泊り
　　二の屋　源右衛門
一　弐拾五文　志津ニて
　　　　　　山先達ニ出し
一　八拾八文　御山ニ而先達ニ出し
一　弐拾五文　二千日行者
　　　　　　御礼
　〆
　二月廿四日御山目出度
　御山詣いたし候
（中略）
　　行覚
一　二月十五日より火立

『湯殿山道中覚帳』（筆者蔵）

二月十六日　行

二月十七日　立

一　五拾文　法印様ノ初尾

日数十五日之間

三月二日下向にて

これによれば新五郎以下八名の同行人は、二月十五日から別火の行を執行し、翌々日の十七日に大橋村を出立して、柳津・米沢・赤湯・上ノ山・山形・湯殿山・水沢・山形・赤湯・米沢、綱木・大塩・塩川・若松・大内・田嶋、というルートで三月二日に大橋村に帰村している。湯殿山周辺で、山先達・御山先達・二千日行者に相当な金額を支払っているのは、やはり、冬季の積雪の多い湯殿参詣のために、道先案内として、山内を熟知していた行者たちに依頼していたことが読みとれる。

この同行八人組がどのような経緯で湯殿山参詣をしたのか、その詳細はわからない。しかしこの八人組のうち四名ほどがその後、明治になって飯豊山登拝、さらには伊勢参宮にも関わっていたことが他の文献からも明らかであり、雪のなか湯殿山参詣を成就した八人組は、この道中において生涯の契りを結んだことも予想されるのである。

飯豊山の供養塔

飯豊山《いいでさん》は越後山系に属する磐梯朝日国立公園に含まれ、福島・山形・新潟の三県にまたがる飯豊連峰の主峰で、大日岳（二一二八メートル）、北股岳（二〇二四メートル）などの高峯が連立している。

この地域はみちのくでもとくに豪雪地帯として知られ、山頂には万年雪の雪渓がある。中腹までブナの原生林に覆われ、山頂の雪渓付近にはお花畑が展開している。頂上周辺からのパノラマは雄大で、北には鳥海山を、東北には蔵王、東に磐梯・吾妻などを展望することができ、西には日本海上の佐渡島を遠望することもできる。

飯豊山は元来観光の山ではなく、一般に「お山」と呼ばれる信仰登拝の山で、それを「お山祭り」「飯豊詣」などといって、八月の一ヵ月に限って登拝が許されていた。

貞享二年（一六八五）の『会津風土記風俗帳』巻二には、

一、八月節に入り、飯豊山行例ハ其所之沙門を雇、注連祓を請、初尾壱人にて五、三銭宛出す、籠ハ沙門之所亦は俗家へ成共寄合三日、五日、七日別火を喰、毎日数度之垢離を取、参詣之先達に沙門無之時ハ、俗成共数之者先達にして山初尾壱人三十五文宛、先達ハ不出五人より上ハがう力云、初尾壱人分引一ノ戸村に逗留しをとし物と云て、四五人にて金壱部計宛、身退不如意之者ハ一戸ノ村に逗留なし、とあり、観光というより在俗の人々が先達に引率されて登拝をすること、さらに登拝前には三日から五日間の別火（女性が煮炊きしたものではなく、男たちによる煮炊きなど）をすること、さらには毎日数回の水行の実践をすることなどが、すでに十七世紀の後半に一般化していたことがわかる。

ここで、みちのくにおける飯豊山信仰の地域的展開を、福島県・山形県・新潟県下に散見する飯豊山供養塔の分布状況から展望してみよう。

福島県では、磐梯町赤枝の天明二年（一七八二）「飯豊山供養」を初見として、会津高田町八木沢の昭和十一年（一九三六）「飯豊山」まで、銘文なしを含めると福島県全域で一五八基の飯豊山供養塔を確認することができる。

そこで、福島県内の飯豊山供養塔の造立傾向を、三〇年を周期として集計してみると、以下のようになる。なお講中の初見は、西会津町赤城神社にある寛政五年（一七九三）である。

一七八一〜一八一〇	一〇基
一八一一〜一八四〇	三一基
一八四一〜一八七〇	六七基
一八七一〜一九〇〇	一五基
一九〇一〜一九三〇	六基
一九三一〜一九六〇	三基

銘なし　　　　　　　　　　　　　二六基

（『山都町史』第二巻 通史編Ⅱ、および筆者調査により作成）

これによれば一八一一〜一八四〇年頃、いわば文化・文政・天保年間頃からの造立が多くなり、一八四一〜一八七〇年頃のとくに弘化・嘉永年間に最盛期を迎えたことがわかり、十九世紀初頭から中葉にかけて飯豊山信仰が地域社会に浸透していった経緯を、石造物の造立傾向から読みとることができるであろう。

山形県では、米沢市入田沢白布平の寛政九年（一七九七）「飯豊山供養塔」を初見として、飯豊町中津川・大日杉小屋の昭和三十四年（一九五九）「姥山供養塔」まで、銘文なしを含めると山形県全域で八一基の飯豊山供養塔を確認することができる。

そこで山形県内の飯豊山供養塔の造立傾向を各年代ごとに集計してみると、以下のようになる。

寛政年間	（一七八九〜一八〇〇）	二基
享和年間	（一八〇一〜一八〇三）	一基
文化年間	（一八〇四〜一八一七）	六基
文政年間	（一八一八〜一八二九）	一五基
天保年間	（一八三〇〜一八四三）	一六基
弘化年間	（一八四四〜一八四七）	一基
嘉永年間	（一八四八〜一八五三）	五基

安政年間（一八五四～一八五九）　五基
元治年間（一八六四）　二基
慶応年間（一八六五～一八六七）　二基
明治年間（一八六八～一九一二）　六基
大正年間（一九一二～一九二五）　一基
昭和年間（一九二六～一九八八）　三基
銘なし　一六基

（『山都町史』第二巻 通史編Ⅱより作成）

これによると、福島県内よりも初出は若干遅れるものの、ピークを迎えるのは文政・天保年間であり、むしろ福島県域より信仰の浸透度は早かったことが読みとれる。

新潟県では、中条町羽黒の弘化三年（一八四六）「飯豊山　弘化三年　丙午四月日」を初見として聖籠町諏訪山の昭和十一年（一九三六）「飯豊山神社」まで、銘文なしを含めると、新潟県全域で一二基の飯豊山供養塔を確認することができる。

そこで新潟県内の飯豊山供養塔の造立傾向を各年代ごとに集計してみると、以下のようになる。

弘化年間（一八四四～一八四七）二基
万延年間（一八六〇）　一基
明治年間（一八六八～一九一二）三基

昭和年間（一九二六〜一九八八）一基

銘なし　五基

（『山都町史』第二巻　通史編Ⅱより作成）

これによれば福島・山形両県に比して造立数も少なく、また造立された時期も幕末以降であり、飯豊山信仰の展開は福島・山形両県を中心にしたものであったことが歴然としている。

飯豊山の登拝習俗

飯豊山の登拝習俗に注目すると、会津周辺や米沢周辺では集落ごとに行屋と称するものがある。初参りと称して十三、四歳の少年が先達の指導によって出発前三日三晩の間、別火生活をし、水垢離をし、白衣をつけ、厳粛な潔斎を守って登拝したものである。いわば登拝が成人になるための人生儀礼の意味をもっていたのである。

ここに、明治初年の数え年十三歳になる少年が飯豊山を登拝した時の日記があるので、紹介する。表紙には、

明治八年

飯豊山道中記

亥　第一大区九小区

旧八月二日立　岩代国会津郡

大橋村

○○○○（個人名）

とある。表紙のみ父親が記載し、中は少年が道中に認めたものであり、その内容や文字は極めて稚拙である。

その一部を抜粋すれば、

一　五十文　ふて
一　百弐十文　あめ
一　百弐十文　つけぎ代
一　金壱分　若松はたご
一　百文　中はん
一　五十文　あめ代
一　弐百文　はたこ
一　壱朱分　かし
一　八十文　とふ代
一　百文　あめ代
（中略）
一　金拾弐銭　米沢泊り
一　金拾五銭　入小屋泊り

飯豊山行者が出立前に別火生活をする行屋
（山形県米沢市六郷）

一　金弐拾銭　　田島泊り
一　金拾三銭五厘　しま壱たん
一　金五拾銭　昼五拾銭　　針生泊り
中飯遣

とある。先に湯殿山参詣に関する史料として大橋村の『湯殿山道中覚帳』を紹介したが、この日記も大橋村のもので、少年たちの人生儀礼としての登拝を知る貴重なものである。それにしても、やたらと「あめ」や「かし」の記載が見られる。確かに今でも甘味としてのチョコレートや氷砂糖などは山岳登拝に必需品だが、当時も道中における子供たちの喜びの一つであったのであろう。出発前の数日もしくは一週間の別火生活や水垢離から解放された姿を彷彿とさせるものである。

飯豊山神社は五社権現ともいい、その本地は五大虚空蔵といわれるが、これはいうまでもなく神仏習合の結果である。しかし、飯豊山神社の創立時期は詳らかではない。山中には空海の護摩檀といわれる跡があるが、これは、会津恵日寺《えにちじ》を空海が開基し、そこに三年余り留まったとする伝説に対応しており、おそらくは真言宗の当山派修験者によって伝えられてきたものであろう。

飯豊山神社のことが史料上に現れてくるのは十六世紀末になってからで、天正十八年（一五九〇）会津若松に入部した蒲生氏郷は、その臣高坂源左衛門に命じて飯豊山神社を復興させ、一戸村（福島県耶麻郡山都一ノ木地内）薬師寺の僧宥明を別当としたが、この時、置賜郡岩倉村（山形県西置賜郡飯豊町岩倉）岩蔵寺の僧某との間に当山別当職につき係争があった。それは、岩蔵寺が飯豊山の北登拝口として修験の拠点であったためであろう。その後、領主の交替にともなって、会津若松にある真言四ヶ寺が当番で別当職に当たり、飯豊山の祭りが近世以降、明確に真言系当山派修験の傘下になったことがわかる。

そのためか、山には神仏習合の跡が色濃く残っている。一戸口や岩倉口などからの登拝路は切合で一つになり、その側に観音堂があった。それより頂上に向かう途中の岩窟内には御秘所権現と称する仏像が安置されており、山頂には五王子社がまつられ五社権現という。飯豊山神社の本社はそれより山麓にあり、平常は宝庫の中に、その本地五大虚空蔵の銅像五軀が保存されている。いずれも両肩・膝が分解できるようになっていて、山開きの時、修験者・行人がそれを分解し、山頂の五王子・五社権現社に運んで奉安する習わしであったと伝えられている。

本社から西方一町ごとに、末社・蔵王堂・護摩堂・経堂などの伽藍があり、北方には籠石が、西南方向の岩窟の中には八万八千仏がある。奥の院は大日岳の頂上にあり、御西権現とも称されているが、大日如来とされている。

祭神の五王子については、御井神・味鉏高彦根・丁照姫・事代王・高光姫命の五柱とされているが、これはのちの解釈と思われる。

秋田県の男鹿本山にも五社堂がまつられている。これは元来、中世には真言修験の道場となったところからすると、飯豊山と相互に共通するものが背後にあるように思われてならない。

善光寺道中日記を読む

善光寺参り

平成十五年（二〇〇三）は、六年に一度の、平成になってから三度目の信州善光寺御開帳の年であった。四月五日（土）前立本尊御遷座式から六月一日（日）前立本尊御還座式までの約二ヶ月間にわたり、善光寺とその周辺は華やかな祭祀空間に様変わりをする。

さて「善光寺参り」とは、いうまでもなく信濃善光寺に参詣することである。信濃の善光寺に人々が群参していたことはよく知られている。ことに女性の参詣者が目立っていたことが注目されている。『平家物語』の千手の前、『とはずがたり』の二条、『曽我物語』の虎御前など、多数の女性参詣者が紹介されている。さらに参詣の特徴として、死者の骨を持って参詣することも行われ、善光寺裏山一帯には現在も夥しい数の五輪塔が散在している。

江戸時代になると、東海道・中山道をはじめとする五街道の整備によって参詣者が増加し、おもいがけず物事が進むという「牛に引かれて善光寺参り」という話も生まれている。また、江戸時代には全国各地に善光寺講が組織され、毎年参詣することも行われた。善光寺に通じる街道は、多くが「善光寺街道」と呼ばれた。

とくに東北農村や北関東農村から伊勢参宮をした人々は、その多くが帰路に「善光寺参り」をしていたことが各地の「伊勢参宮日記」などに記されている。

明治以降は、鉄道網の発達によって団体での参詣が可能になり、戦後は年間に数万人を組織して参詣する講も出現している。また、善光寺本堂で戒壇めぐりをした時に用いた草履を持ち帰り、死後棺桶に入れる葬送儀礼も各地で確認されている。

以下に紹介する道中日記は、明治二十年、汲澤村（神奈川県横浜市戸塚区汲沢）の戸塚宿周辺の富士講の一派、山真講の先達かつ講元を務めていた森茂兵衛が記した『善光寺・日光山　道中記』である。本史料は四十年ほど前に、筆者の親類筋にあたる森家から、山岳信仰を調査研究しているお前が保存するのが一番望ましいといわれ、譲り受けたものである。

森家の史料群は、江戸時代中期から昭和初年までの「伊勢参宮日記」「富士参詣日記」「名所休泊宿附帳」「豆州修善寺温泉全図」「高野山参詣餞別帳」など五〇点余りにおよび、その史料がすべて社寺参詣に関わるものであり、これに近いことを研究テーマとしている者としては願ってもないことであり、さらにこの史料群の近代化をみるように、昭和初年から二十年代にかけて全国を旅行した後の当主が収集した数千点の絵葉書とあわせて、各種のガイドブックも譲り受け、これらを個人史料として所蔵しておくことは惜しいという思いから、今回その一部を紹介する。

「善光寺・日光山　道中日記」

（表紙）

「維時　明治弐拾丁亥歳

善光寺
日光山　道中日記

秋九月四日」

記

九月四日

一　金弐銭　原町田弁当

〃

一　金拾五銭　八王子泊

五日

一　金六厘　舟ちん

〃

一　金三銭五厘　はいしま弁当

〃

森家などに所蔵されていた道中記（筆者蔵）

一　金壱銭　休
〃
一　金　岩倉泊はしど
六日
一　金壱銭　名栗休
〃　つまさか峠
一　金拾銭　秩父八番さいせんじ泊
七日
一　金五銭　二ばん弁当
七日
一　金拾六銭　井上茂十郎弁当付泊
八日
一　金五厘　舟ちんあら川
八日
一　金拾弐銭　下かけわり元塚与三右衛門
九日
一　金壱銭　小遣舟ちん

一　〃　金七銭　はんにゃ泊
ほうしやくし
一　〃　金弐銭四厘　わらじ弐そく
十日
一　金八厘　休
一　〃　金五厘壱銭　休
一　〃　金壱銭壱厘　橋せん
十一日
一　金拾五銭　本庄大和屋泊
一　〃　金八厘　橋せん
一　〃　金拾五銭　高崎上州屋

拾二日

一　金三拾銭　　人力

一　〃金拾三銭　　馬車

一　〃金拾三銭　　坂本

十三日

一　金三拾銭　　坂本より山中迄人力

一　〃金弐銭　　軽井沢休

一　弐銭　　弁当

一　〃金拾六銭五厘　　小諸つるや泊

十三日

一　金壱銭弐厘　　わらじ

十四日

一　金四銭　　信州上田弁当

〃
一　金壱銭　休
〃
一　金拾六銭五厘　戸倉泊
十五日
一　金壱銭五厘　弁当休
〃
一　金弐拾銭　善光寺福正院坊入
〃
一　金壱銭五厘　御札二十枚
〃
一　金五銭弐厘　御血脈二ッ
〃
一　金三銭　かるかや御札
同　ゑづ八枚
そうり弐そく
十六日

一　金三銭　　弁当
一　金五厘　　舟ちん
〃
一　金拾六銭　　志ぶ泊
ゆバ
十七日
一　金弐銭五厘　　志ぶ峠
休弁当
〃
一　金拾六銭　　草津湯場
穀屋泊
十八日
一　金壱銭弐厘　　わらじ
〃
一　金拾五銭　　一志ろ泊
〃
一　金壱銭　　弁当

一　金拾五銭　〃　　高崎泊
　　　　　　　　　　しなのや
神奈川県下
　相模国鎌倉郡
　　汲澤村
　　　千弐百廿三番地
　　　　森茂兵衛

道中日記の内容

表紙には「善光寺・日光山　道中日記」とあるも、日光に参詣した記述は認められない。明治二十年（一八八七）九月四日に汲澤村を出立して、同二十日に戻ってくるまでの十七日間の道中日記である。

図1を見ていただきたい。これは道中日記のうちから地名だけを抽出したものである。前述のように伊勢道中の一環として善光寺に参拝をする参詣日記は散見されるが、「善光寺」だけのものは比較的少ないことを考慮すれば、本史料は貴重なものであるといえる。

また明治二十年代に鉄道網が拡大する直前の時期、歩行と人力車・馬車や鉄道利用という参

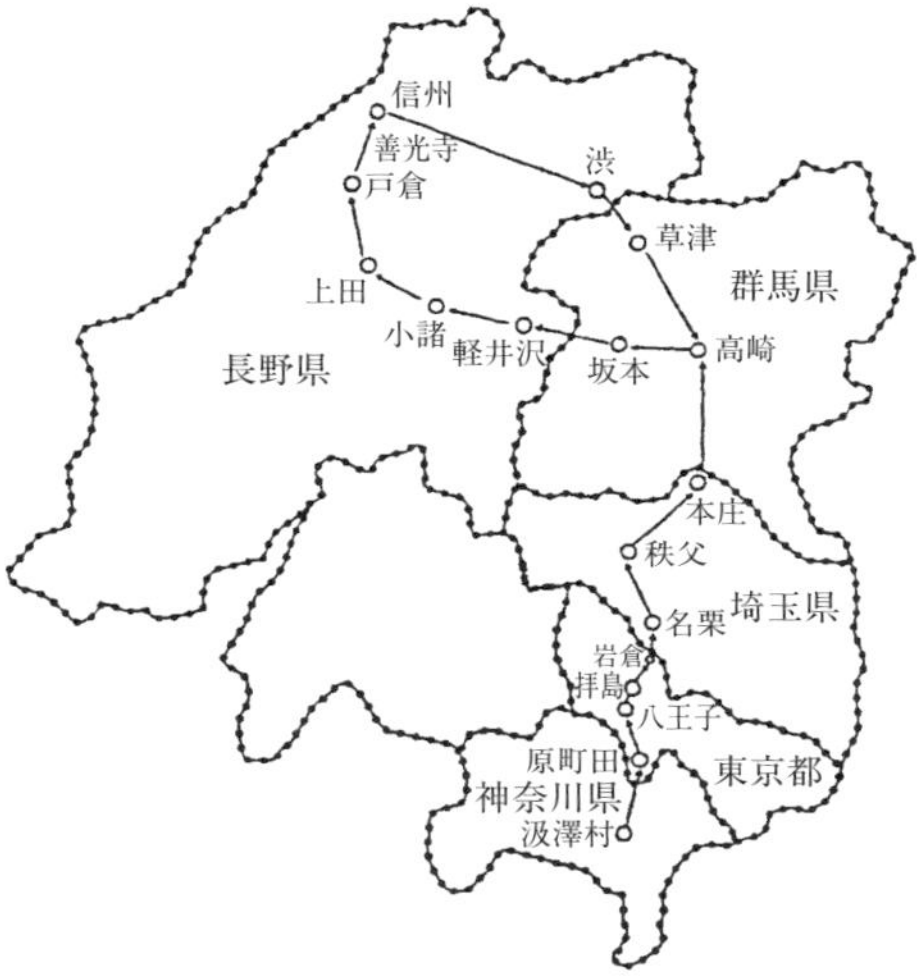

図１　「善光寺・日光山 道中日記」の行程図

詣ルートを記している本史料は、交通手段が変容する過渡期のものであり、その点からも興味深いものであろう。

それでは十七日間の旅の行程を概観しておこう。一日目「九月四日」汲澤村（横浜市戸塚区汲沢）を早朝に出立して八王子道を北上し、昼には原町田（東京都町田市原町田）にて昼食をとり、その後八王子まで進み、この日はここで宿泊をしている。

二日目（五日）は、八王子から北上して金六厘の舟賃を支払って拝島の渡しで多摩川を渡り、ここで昼食をとり、この日は岩倉（岩蔵。青梅市小曽木五丁目岩蔵温泉付近）に宿泊している。

三日目（六日）は、岩倉を出立して名栗《なぐり》（埼玉県飯能市名栗）にて休息をとって、その後、秩父大宮へ通ずる道の上名栗と横瀬との境にあるつまさか（妻坂）峠を越えている。このルートは『新編武蔵風土記稿』によれば、江戸時代は武蔵国から相模国へ出る往還として重視され、大山阿夫利神社（神奈川県伊勢原市）への参詣ルートとして大山街道あるいは富士道とも称されていたという。この夜は秩父札所八番の清泰山西善寺（埼玉県秩父郡横瀬町根古谷）に宿泊している。

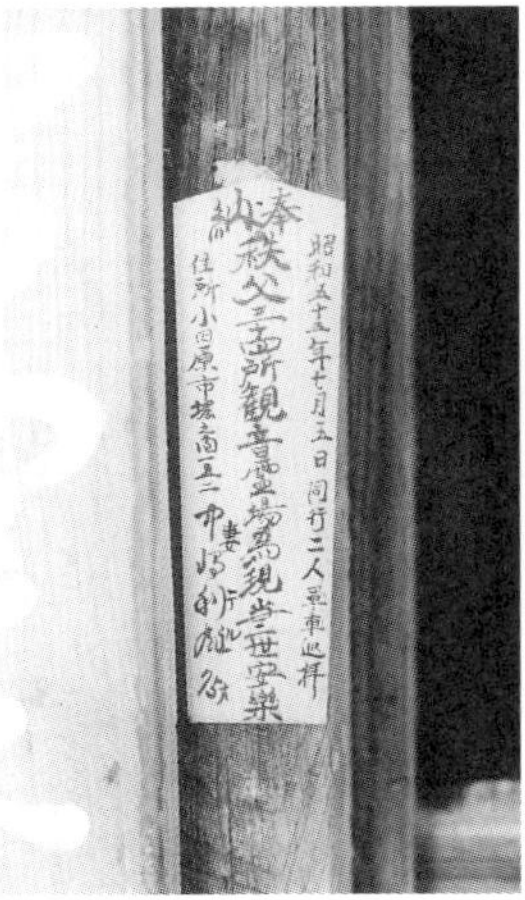

1980年に単独で巡拝した巡礼者が納めた木札

12年に１度午年の御開帳に多くの人が参拝する秩父札所寺院

秩父札所十三番慈眼寺（埼玉県秩父市東町）

四日目（七日）は、西善寺より秩父の札所を逆打ちするように北上し、札所二番大棚山真福寺（現・秩父市大字山田）にて昼食をとっている。この夜は井上茂十郎宅に弁当付で宿泊している。

五日目（八日）は、舟で荒川を渡り、元塚与三右衛門宅に宿泊している。

六日目（九日）は、法師薬師（法師温泉）に宿泊している。

七日目（十日）は、法師薬師を発ったのち、途中二度の休息をとっている。どういう経緯か、この日の宿泊についての記載はないが、これは単なる記入ミスで、夜半になって本庄の大和屋に入ったものであろう。

八日目（十一日）は、恐らく前日の遅くに本庄に入ったために、翌日は午前中休息をとったものと思われ、昼近くの出立になったのであろうか。そして高崎の上州屋に宿泊をしている。

九日目（十二日）は、「人力」と「馬車」の記載が見られるが、旅も九日目を迎え疲れも蓄積されてきたことと、ルートが山間部に入り急勾配のために乗り物利用になったものであろうか。ちなみに、三年前の明治十七年には碓氷新道が開削され、馬車鉄道の運行が始まっており、これを利用したものであろう。この日は碓氷峠を越えて信州に通じる中山道の宿場である坂本（群馬県碓氷郡松井田町坂本）に宿泊している。

十日目（十三日）は、坂本から山中まで人力で移動。その後軽井沢にて昼食を兼ねて小休止している。同日は小諸のつるやに宿泊している。

十一日目（十四日）は、朝、小諸を出立して信州上田に到着。ここで昼食をとり、その後、歩をすすめこの日は戸倉で宿泊している。現在では戸倉上山田温泉として名を馳せているが、明治二十年当時はごく小村であった。翌明治二十一年に信越本線が開通したものの、戸倉には駅が設置されなかったために寂れた状況であったが、明治二十六年、戸倉で酒造業を営む坂井量之助が戸倉温泉を開湯し、戸倉の復興がなされた。しかし当初は、それほどの温泉街は形成されていなかったようである。

十二日目（十五日）は、戸倉を出立して途中で昼食をとった後、善光寺に参拝している。土産として御札二〇枚、御血脈二つ、かるかや御札、絵図八枚、草履二足を求め、この日の坊入（宿泊）は福正院であった。

十三日目（十六日）は、信州善光寺から歩きはじめ途中昼食をとってから、金五厘を支払って舟に乗り、千曲川を渡り、この日は志ぶ（渋）に宿泊している。

十四日目（十七日）は、志ぶ峠（渋峠。長野県下高井郡山ノ内町平穏と群馬県吾妻郡六合村の境）を通り、昼食をとった後、この日は草津温泉の穀屋に宿泊している。天下の名湯草津温泉に半月余りの旅の疲れを癒したことであろう。

十五日目（十八日）は、旅の疲れも癒されたのであろうか、わらじを購入して一志ろ《いちしろ》（群馬県吾妻郡中之条町市城）まで歩を進め、そこに宿泊している。

十六日目（十九日）は、中之条から途中昼食休憩をとり、高崎まで行き、「しなのや」に宿泊している。往路に宿泊した宿屋とは異なる宿であった。

十七日目以降の記載はないが、高崎からは明治十七年に開通していた高崎線を利用しての帰着となったものと思われる。

武蔵野の戸隠講―江戸期農民の雨乞信仰―

江戸時代の農民にとって、雨（水）は非常に大切なものとされていた。当時の人々は、日照りが続き水不足になると、熱心に雨乞いを行って、祈願をしたものである。本論では三芳地区（現・埼玉県入間郡三芳町）の事例から、その実態を探ってみることとする。

三芳の町域は、竹間沢《ちくまざわ》をのぞけば田はほとんどなく、畑作を中心とした農業経営である。そのため、より以上に雨乞い祈願がみられた。平成の段階で確認される雨乞いのともなう講集団をあげると、武州御嶽山（東京都青梅市）の七代《ななよ》の滝への雨乞いをする武州御嶽講、相模大山への雨乞いをする大山講（石尊講・不動講）、そして信州の戸隠山へ雨乞いに出かける戸隠講がある。

このほか、

一、明和七年寅六月六日、多聞院ニ而三富（上富・中富・下富村）雨乞大はんにゃ也

二、同閏六月五、六日時、日でりニ付山之有馬村龍泉寺雨乞三富一とう

（「萬歳日記覚帳」上富・島田寿雄家蔵より）

とあるように、近隣の神社仏閣への雨乞いも頻繁に行われていたことが知られる。

武州御嶽山七代の滝で修行する若い頃の筆者

さて、三芳町周辺の村々では、信州の戸隠山を信仰の対象とする雨乞いの組合が作られていた。たとえば、天保五年（一八三四）には、上富《かみとめ》村・中富《なかとめ》村・北永井村・南永井村・亀ヶ谷村・大井町・藤久保村、亀窪村・鶴ヶ岡村の九ヶ村で組合が作られていた。

また、嘉永六年（一八五三）には、上富村・中富村・下富村・北永井村・南永井村、亀ヶ谷村・大井町・藤久保村・竹間沢村・亀窪村・鶴ヶ岡村・日比田村・城村・坂ノ下村・本郷村の一五ヶ村で組合が作られていた。

参加の村々は一一ヶ村（天保五年）、一二ヶ村（天保十年）、一五ヶ村（嘉永六年）、一二ヶ村（文久三年）と、三芳四ヶ村とそれに隣接する現在の富士見市・大井町、所沢市域の村々があったが、その村々は一定していなかった。

雨乞いの方法は、各村々から代参者を選出して、二、三人の組をいくつか作り、信州戸隠山の九頭龍池からもらった御神水を、駅伝（リレー）方式で村々まで運ぶというものであった。

戸隠からスタートし、中継点は、善光寺↓小諸または上田↓軽井沢↓高崎↓熊谷、というものであった。

その間、けっして御神水を地につけたり、後ろをふりむいたりしてはいけない、といわれた（地につけると、その地に雨が降ってしまうし、ふりむくと、ふりむいた方向に雨が降ってしまうといわれる）。そのため、各村々の代参者は必死であった。

天保五年（一八三四）にも雨乞いが行われていた。この年は、雨乞いだけでなく日乞い（雨止め）などが行われ、天変地異があった年でもあった。

天保五午年四月より五月廿八日迄、雨ふり候事しきり也、夫より六月三日、四日、五日迄、きり雨のことくもや下り候而天くらし、六月六日に四ッ半時地震あり、日りんあらわれより、同夜月のそは二星出ル、しはらくして月の中江入、夫より日でり也、

（「萬歳日記覚帳」上富・島田寿雄家蔵より）

というもので、天候不順が続いたのち、地震があり、六月になって日照りが続いたようである。

この六月から七月の日照りに、戸隠山への雨乞いが駅伝方式で行われているが、この間の状況を、上富村の寺子屋の師匠島田半完が「萬歳日記覚帳」に、次のように記している。

午六月三日、相場右之通、是迄ハ雨ふり続候故、大ニ穀相場上がり由候、五六日より天気ニ成、夫より日でり也、依て雨乞度々以上七度也、榛名山、大山、所々へ代参者遣し候、信州戸隠山へ代参、某並ニ北永井村紺屋竹次郎代参ニ参り、七月十二日宿出立、夫より十五日昼四ッ時、戸隠山妙行院着、夫より九頭龍権現へ参り、但シ坊より三十丁也、布施ハ村々ニ口坊入弐人而銀弐朱出ス、是ハ小遣の内也、其日坊ニ止り、翌日未明に御祈禱始り、朝四ッ時御水頂戴、夫より善光寺迄四リ十八丁之道ヲ急

き、九ッ半ニ善光寺門前ニ而二番手（二番手ハ南永井村伊三郎殿、亀ヶ谷医者浅五郎也、南永井忠右衛門病気、）江御水相渡し、尤道中筋不景気ニ付、至而騒敷、夜道弐人ニ而難渋之由申之候ニ、無拠竹次郎・鉄五郎両人、小むろ《小諸》迄夜道持参、小むろ宿ニ而夜のほの々と明候、第三番手へ相渡し、夫より松ゐた《松井田》宿迄参りとまり申候、此時御水ハ十六日夜に着仕、十七日少し雨ふり申候、夫より廿一日大雨ふり申候、御祈禱料三分弐百文出ス、但し御感応の雨ふりニ候ハハ、十三ヶ村ニ而壱ヶ村ニ而金壱分宛差出、大御膳茂大膳献し、（後略）

これによれば、以下のような状況であった。六月初旬迄の天変地異によって相場が上がっていたところ、日照りとなり雨乞いをたびたび行った。具体的には榛名山（上野国）・大山（相模国）へ代参を遣わした後に、戸隠山へ上富村の島田半完と北永井村紺屋竹次郎が、代参として七月十二日に出立し、十五日に戸隠山妙光院に到着し、その後、九頭龍権現へ参り、翌十六日未明に御祈禱した後、御神水を受けとり、善光寺まで運んだ。

善光寺で待機していた二番手は、南永井村の伊三郎、亀ヶ谷の医者浅五郎である。御神水を手渡した後、半完と竹次郎は、夜道につき物騒だからといって善光寺から小諸までの間、二番手の二人とともに小諸まで同行している。

その後、二人は松井田に宿泊したが、御神水は十六日夜に着くや、十七日には早くも少々雨が降ったとある。なお、この雨乞いは、村高に応じて御祈禱料をはじめとする諸入用を割りふっていたのである。

天保五年（一八三四）七月十二日から十六日夜にかけての戸隠山への雨乞いは、史料にあるように十七日には少々雨が降ったわけだが、その後、皮肉といえば皮肉で、「夫より八月七日より雨ふり、又十三日、此より大ふりつつ秋ハ雨ふり申候」と、夏から秋にかけて大雨に見舞われ相場が上がった、というのである。

現在でも、戸隠に代参を送っているのは、北永井を中心とする戸隠講で、講員五〇人を数え、毎年七人ないし八人が代参として戸隠参拝をしている。

北永井では平成元年（一九八九）には、現在の講員が一通り戸隠参拝が終了したので、同二年に太々神楽を奉納するか否か検討しているという。

北永井では、かつては八月七日もしくは八日に戸隠の下山日待をして、代参者を中心に直会を行っていた。最近は代参者が八月七日の千曲川の花火大会に合わせて戸隠参りをし、さらに戸倉上山田温泉に宿泊しているため、下山日待がやや遅れ気味になっている。

ちなみに、北永井には昭和四十九年（一九七四）以降の講員名簿が保管されているので、その一部を紹介して、代参の状況を見てみよう。

昭和四十九年八月起

講員名簿

戸隠神社月並太々講

北永井代参講

証

一　金　壱万五阡円也　　宿泊料

一　金　弐万五百円也　　神札料

右坊入料正ニ受納之上

御神札五拾体授与候也

昭和四十九年八月二十九日

代参人　講元　小幡惣平殿

外　鈴木源作殿

塩野久雄殿

前島吉太郎殿

細沼正五郎殿

有原清吉殿

細谷　誠殿

戸隠神社

山本本信

平成八年は関東地方でも水不足のため、七月には神奈川県下を中心に給水制限が出されるほどであった。時代が、江戸時代であればなおのこと、農民たちにとって水不足は死活問題であり、各地の山岳霊場とりわけ滝などへ出かける人々があとをたたなかったことは、前掲した史料からも明らかであろう。

旧跡巡拝

近世以降、物参り、すなわち寺社参詣をはじめ仏教関係旧跡を巡拝して廻ることが庶民の間で盛んになった。

江戸時代の中期、豊後国臼杵藩の史料（「古史捷《こししょう》」）から主な参詣巡礼先を拾い出してみると、次のようになる。

伊勢参宮・日本廻国（六十六部を含む）・四国遍路・二十四輩巡拝・善光寺・本願寺・金比羅・九州三十三ヵ所・日光・宮島・彦山・太宰府などである。このうち二十四輩巡拝とは、浄土真宗門徒が親鸞およびその直弟子二十四人の旧跡関係寺院を巡拝することである。

物参りの目的は信仰であることはいうまでもないが、天明元年（一七八一）の日出《ひじ》藩法令に、伊勢参宮は一生一度の宿願であるから「上方物遊産之様に心得」ては罰をこうむるとあるように、物見遊山的色彩の濃い旅をする者も多かったようである。

四国遍路の場合は、他の場所への巡礼にくらべると「途中病死」という例が多い。病気治癒祈願を目的とした者が多かったのであろう。また生活難渋者が、一家そろって抜け参りと称して駆落ちすることもあった。物参りは生活難渋者にとって逃避の場でもあったのである。

寺社霊場への参詣は、相当の日数を要し経費もかかる旅である。そこで伊勢講をはじめとする講が組織されることもあった。講員が金を出し合い、籤に当たった者が代表で参詣に出かけるのである。

原村（大分市）の場合、寛政十二年（一八〇〇）に天真庵主一山心恒が村民に西国四国霊場巡拝をすすめ、講を組織することを指導している。毎年正月十日までに講銀を一人につき一〇〇文

祈願する巡礼者たち
（愛媛県西条市石鎚山成就社にて）

金の鳥居に参拝する巡礼者
（愛媛県西条市横峰寺にて）

出し合い、籤に当たった者三人が代参するというものである。この結果、明治二十九年（一八九六）までの間に西国巡礼に二一三人、四国遍路に一二〇人が出かけている。

巡礼者（遍路）の出で立ちは、手甲・脚絆に草鞋がけ、手には金剛杖と数珠をもち、背には笈を負い笠をかぶるというものである。笠には「迷故三界城　悟故十方空　何某」とか、「二十四輩　豊後国何某」などと墨書されている。

四国遍路の場合は「同行二人」と記されているが、これは常時弘法大師と二人という意味で

金刀比羅宮（香川県仲多度郡琴平町）

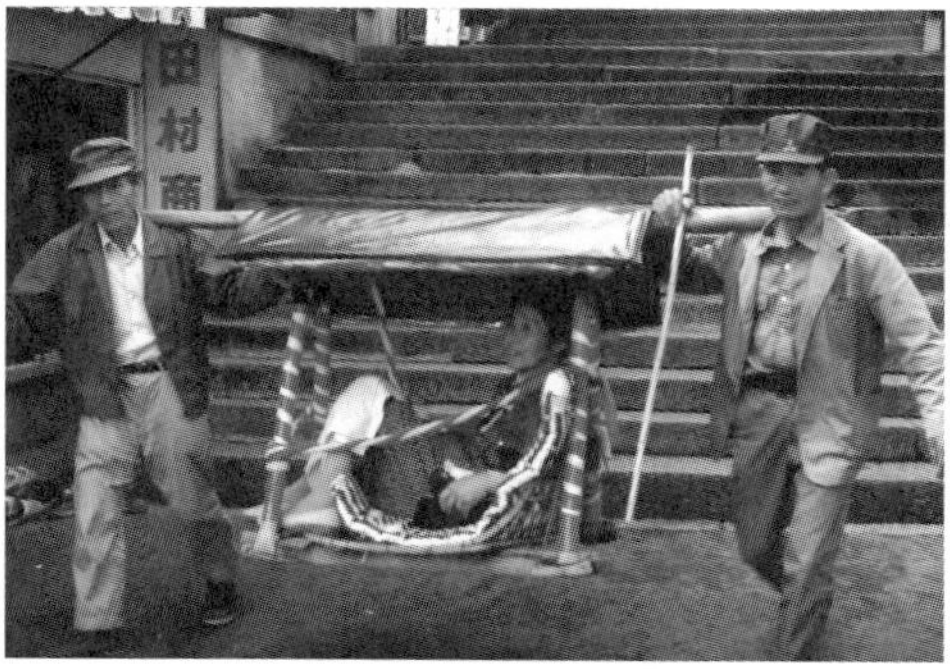

金刀比羅宮へ駕籠で登拝する信者

ある。途中の宿泊は善根宿《ぜんこん》を基本としたり、運がよければ道づれになった人の家などに泊めてもらうこともあったが、宿そのものはあくまで木賃宿であった。

近世中期の寛延三年（一七五〇）に伊勢参宮に出かけた三浦梅園は、その旅日記に、宿屋の様子を次のように記している。「畳はなく、そまつな藁むしろの上に、古い琉球むしろ一枚敷いただけ、夜具もなく夜中ふるえていた」という惨憺たる状況であった。

野宿で路傍の小堂に泊まることも平生であった。しかし四国遍路では、善根宿など巡拝者を無料で泊める所も多く、宿泊そのものにはあまり苦労はなかったという一面もある。このほかにも、巡礼者が途中病気になると村継ぎで送り帰されるという交通システムもすでに近世中期には確立しており、こうしたことが旅や修行に駆り立てていったこともまた事実であった。

この、病人に送り状手形などを添えて村から村へ送り継いで帰すというシステムには、自分の村で病死されては迷惑だという気持ちも強かったのであろう。それこそ巡礼の途中で運悪く死んだ場合は、その場で埋葬されるので、往来手形には「万一病死の時は、其の地の御慈悲で埋葬してもらいたい。此の方へ届けることは不要である」という一項が必ず付加されたのである。

それでも、実際には死後に連絡はあったようで、享和二年（一八〇二）十二月、四年前に遍路に出かけた目明《めあき》村（大分県臼杵市）朔蔵の兄が病死したと、延岡領南方村の庄屋から連絡がきている（「古史捷」）。朔蔵を先方に遣わしたところ、すでに埋葬も行われていたので、世話になった村人らに銭酒を贈ったという。

伊勢参宮に代表される抜け参りも多く、臼杵藩では帰国者に対して、男は七日間追込み、女は「叱」の処罰が課せられていたという。

遠国の寺社や霊場を参詣巡拝するかわりに、もっと近辺の寺社霊場を廻ることも多かった。豊後国内では、十八世紀初頭頃から各地に観音霊場が作られている。これは畿内を中心に設けられている西国三十三ヶ所の札所を勧請したものである。

享保四年（一七一九）には、月桂寺の篁谷和尚、多福寺の西光和尚らの手によって、臼杵城下近辺の観音三十三番札所が定められている。また同八年には、延岡領内（真玉町・香々地町）を巡る真玉西国が、真玉幸茂の手によって設置されている。

国東半島にも四国八十八ヶ所の勧請が行われている。享和二年（一八〇二）の田口組大庄屋（宇佐市）の日記には「宿願ニ付浦部四国参詣、二子泉福寺文殊参詣」とある。浦部とは国東半島の主に海岸部をさしている。

早春三月、遍路姿の一団が通りすぎていく光景は一九五〇年代頃までみられたものである。このほかに豊後周辺には藩領内を越えて九州数ヶ国に拡大する霊場もあった。それが築紫西国（九州西国）と呼ばれるもので、筑前・筑後・豊前・豊後・肥前・肥後の六ヶ国の霊場を巡るものであった。

奥州からの霊地参詣

―富士・西国は、憧れの地、情報収集の地なのか―

近世・近代の山岳交通路や巡礼の研究は、近年、歴史地理学から興味深い報告が相次いでいる。なかでも平成十四年（二〇〇二）十二月に急逝した田中智彦氏は、近世・近代の巡礼記、道標、現地調査を踏まえた西国巡礼路や伊勢参詣路の復元を行っていた。

田中氏は、西国巡礼路の復元にあたって、巡礼案内記・巡礼絵図に記載された経路をすべて巡礼路とした上で、それらを形態的に二分し、純粋に巡礼札所間を結ぶだけのものを基本的経路とし、それ以外のものを発展的経路と規定している。このことは富士信仰の登拝道と沿道住民との繋がりを知る上でも興味深い。

田中氏のいう発展的経路とは、たとえば近世の西国巡礼者が基本的経路の途中で、高野山参詣などを行ったことを指している。

こうした発展的経路をめぐっては、奥州からの富士参詣や善光寺参りにおいても確認され、江戸中期以降、脇道駄賃稼ぎや、富士講のマネキ札無断作成などをめぐっても、問題が生じる結果となっている。

柴又題経寺（日蓮宗）の門前に奉納された板マネキ
（東京都葛飾区柴又）

ところで筆者は、平成三年、神奈川県南足柄市矢倉沢の富士導者を専門にしていた宿屋、立花屋（現当主・杉山瞳氏）の宿帳を調査する機会に恵まれ、明治初年の富士参詣者を数千名確認することができ、その一部を拙著『民衆宗教の祈りと姿―マネキ―』（ぎょうせい・一九九七年）で紹介した。

この宿帳には、すべてに講印「笠印」が記されており、関東をはじめ東北地方の一部に散在する富士講（講員数・先達名）を確認することができ、立花屋がかなり広範な地域の人々の定宿となっていたことも併せて確認することができた。

明治十年（一八七七）頃、矢倉沢の宿では、街道をはさんで両側に四軒の旅籠「立花屋」「常陸屋」「江戸屋」「富士屋」をはじめ、米屋「車屋」、油屋「大和屋」、豆腐屋「釜成屋」などが軒を連ねていたという。

明治二年、矢倉沢の関所が廃止されてからも、この街道は多くの富士導者たちで賑わっていた。しかし、明治六年三月六日この地で大火が起こり、旅籠はじめ一〇軒の家が焼失した。それでも三、四年後には、再建された家が多く、旅籠を再開したといわれている。

さて、明治二年に廃止された関所をめぐる手形は、立花屋の文書群や、またここ三十年ほど継続調査をしている富士吉田市上吉田の御師文書群のなかにも確認できなかったが、平成四年、岩手県稗貫郡大迫町の伊藤吉夫家で、奥州からの関所手形を確認することができたので、紹介しておこう。

差上申手形之事

一、此者壱人、奥州稗貫郡竹松村よりふし参詣仕候、御関所無相違御通被為遊可被下候、為後日手形奉差上候処、依而如件、

文化十四年丑年六月廿四日

江戸宿馬喰町壱丁目　刈豆屋　茂右衛門（印）

矢倉沢　御関所御役人中

この関所手形は、文化十四年（一八一七）江戸の宿屋刈豆屋茂右衛門が富士の導者に出したものである。富士導者が参詣する時には二種類の手形を用意し、一つは竹松村の役人からの往来手形、もう一つは特定の関所を通過するための前掲したような関所手形である。

この竹松村は、北上山地の主峰早池峰山の山麓下にあり、早池峰信仰のいうなれば第一信仰圏であった。また文化十四年という年は、いわば富士信仰が近世社会において最盛期を迎えた時期で、この手形はこのような奥州の地にまで、富士信仰が浸透していったことを知ることのできる興味深いものである。

江戸市中の富士参り

さらに、この手形を独自に出した刈豆屋茂右衛門の存在も注意しなければならないだろう。

この茂右衛門が江戸馬喰町のなかにあって、どのような立場にあったのか、当時江戸には百数十あったという富士講の中心的人物であったことも予想される。

江戸町人社会への富士講の浸透については多くの研究があるものの、どのような階層の人々が参画していたかは、今の段階ではほとんど解明されておらず、このような手形が、今後こうした江戸町人社会の講集団と町人との繋がり、さらには講の中心的人物と特定の関所との提携、かつ御師との提携などを究明する時の手がかりとなるであろう。

次に、近世期における奥州からの熊野参詣の一例を、信者を受容した側《ホスト》からのモノ（石造物や農具）によって眺めてみよう。

和歌山県新宮市の熊野大社は、全国数千社にのぼる熊野神社総本宮第一の霊験所として、古来各地から参詣者が多いことはよく知られている。

この神社の境内地に、奥州八戸領より八度の熊野参詣をした記念碑が現存している。この碑は表に「奉八度参詣　奥州南部八戸領　久茲八日町　吉田金右衛門」、右側面に「宝永五年子七月日」と刻まれている。この他に摂社神倉神社太鼓橋側の下馬標石（寛文十二建立、奉七度参詣記念）があり、ともに十七世紀後半から十八世紀初頭における、奥州の熊野信仰の展開をものの語る貴重な石造物である。

また視点は多少異なるが、近世中後期以降、西国地方からの六部（六十六部）らの下級宗教者が、民間薬の伝播や、農具の普及、稲の品種伝播などに果たした役割もみのがせない。

福島県南会津郡舘岩村の唐箕（橘正則氏旧蔵。舘岩村教育委員会蔵）には、

丹波国天甲郡直見村井上亀蔵事

信善光別当大願寺弟氏

法名善勇四十五　　　妻　智道　トシ三十九

日本廻国廿一年終り

天保五甲午歳十月作之

と紀年銘があり、廻国行者が唐箕の普及に一役を担っていたことがわかる。

このように、東北の人々にとっては、富士山や西国巡礼の聖地は、憧れの地でもあり情報収集の地でもあったのである。

四国遍路・修験者の、文化・情報・技術交流
―四国と南九州との関連から―

直木賞を受賞された天童荒太氏の『悼む人』（文藝春秋・二〇〇八年）を読む機会があった。全国を放浪して、死者を悼む旅（遊行）を続ける坂築静人。彼をめぐり、夫を殺した女、人間不信の雑誌記者、末期癌の母らのドラマが繰り広げられるものであった。

天童氏の小説を読んだのは二〇〇〇年にベストセラーとなった『永遠の仔』（幻冬舎・上下巻・一九九九年）以来のことである。個人的には、内容そのものより、そこに描かれた四国の瀬戸内沿岸の民間信仰にまつわる描写に興味をそそられた。

天童氏の二つの作品と関連してこれも偶然であるが、同じく直木賞作家の坂東眞砂子氏の小説『死国』（マガジンハウス・一九九三年）にも、天童氏の描写と酷似する四国八十八ヶ所や西日本最高峰石鎚山などをめぐる民間信仰の記述が散見していることに驚いた。この背景には、両者とも四国の出身（天童氏は愛媛県、坂東氏は高知県）であり、それが小説に反映されていることは歴然としている。フィクションという世界であっても、生活体験としての四国遍路、修験者をめぐる描写は実にリアルである。

中宮成就社神門前にて法螺貝を吹く行者たち（愛媛県西条市）

石鎚登拝に来た修験者の同行会（愛媛県西条市）

中宮成就社へやってきた四国遍路と石鎚行者
（愛媛県西条市）

近世以降の四国遍路、修験者などの遊行者についてみていくと、四国の札所寺院や「善根宿」での村人との触れ合いや「接待」などを通して、南九州（日向・薩摩・大隅）との間に文化交流があったことがわかる。以下、その一部を紹介する。

「讃岐三白」と称され、近世中期以降の讃岐国の特産品として盛んに生産されたものに、塩・砂糖・綿がある。この讃岐三白の一つ砂糖は、甘蔗（さとうきび）を搾って糖汁を採って釜で煮詰め、それをさらに酒搾りの要領で蜜を除いたもので、それを三盆糖というが、その由来については次のような二つの伝承がある。

一つは、近世中期の宝暦年間（一七五一～一七六四）の薩摩との伝承である。

四国遍路をしていた薩摩人関良助なるものが重病になり、湊川（香川県東かがわ市湊川）の堤防で倒れていた。これを土地の医師向山周慶が親切に介抱したので、良助は九死に一生を得て無事帰国することができた。その後、周慶が甘蔗栽培に関心をもっているのを知っていた良助は、その恩義に報いようと考え、国禁を犯して甘蔗の種子キビを弁当箱に詰めて再び湊川へやってきた。

そして周慶と協力して甘蔗の栽培法と砂糖の製造法に改良を加え、酒搾りにヒントを得て糖蜜の分離に成功し、寛政二年（一七九〇）に、三盆糖を高松藩主に献上した（佐藤常雄他編『日本農書全集』三〇巻、四～五頁・農山漁村文化協会・一九八二年）。

もう一つは、安永年間（一七七二～一七八一）の日向との伝承である。

讃岐山脈の南麓にある引野村（徳島県板野郡上板町）は、耕地のほとんどが痩せ地で、水利に恵まれないため、稲作や「阿波藍」作りに適さず、農民の暮らしは極めて貧しかったといわれている。この村に住む篤農家で山伏であったという丸山徳弥（一七五一～一八二六）は、藍作地帯の活気あふれた様子や、豪壮な藍師や藍商の邸宅を見るたびに、引野村の農民には、藍に代わる村の特産物を作り出す以外に道はないと考え、常々この痩せた扇状地帯に適する作物の模索に心を砕いていたという（宮崎忍勝『遍路―その心と歴史』一六三～一六四頁・小学館・一九七四年）。

その後、安永年間に日向国から来て善根宿を施された遍路が、この地には甘蔗栽培が適する地ではないかといい、徳弥に栽培をすすめたのが機縁になったという。これに心を動かされた徳弥は安永五年（一七七六）十一月、甘蔗の苗入手を決意し、単身、日向国延岡（宮崎県延岡市）へ渡った。このとき徳弥はいまだ二十五歳の青年修験者であった。

徳弥は、日向国延岡藩が甘蔗の国外持ち出しや、栽培方法・貯蔵法などを他国者へ伝授することを国禁としているなか、わずかの甘蔗を隠し持ち帰って、苦心の末、その栽培・増殖に成功したのである。

さらに、天明年間（一七八一～一七八九）に至って、再び日向に渡航し、帰国した後、ひたすら甘蔗の栽培と製造法の研究に没頭した。甘蔗茎から糖汁を搾り締める製造方法から、糖汁煮詰めの釜屋の建設など、指導者もなく協力者も得られないまま、日向国で見ただけの知識を基に、独力で工夫と創造に専念した。そして十数年の試行錯誤を経て、搾汁法・精製法のすべての工程を彼独自の方法で完成させ、黒砂糖から白下糖（第一次製品）への道を開いた。

なお、寛政年間（一七八九〜一八〇一）に三盆糖（精製糖）の製造の後継者から徳弥宛に「余人江他言仕間敷候」と認められた「砂糖製造法伝授に関する誓約書」が、四国札所六番安楽寺（徳島県板野郡上板町引野）に現在も保管されているという（上板町編纂委員会編『上板町史』下巻、九一〜九二頁・一九八五年）。

魚とおからを使った料理は、愛媛県の東予（新居浜市・西条市・今治市など）・中予（松山市・伊予市など）地方でも散見され、「いずみや」と呼ばれている。「いずみや」の語源は、元禄年間（一六八八〜一七〇四）の初め頃、新居浜の別子銅山を開発に来た住友氏（屋号「泉屋」）が、大坂から伝えたことによるものらしい。

宇和島地方の「丸ずし」は、明和年間（一七六四〜七二）に山崎屋徳右衛門という者が、某遍路に教えられて作りはじめ、それが流行したとの言い伝えがある（愛媛県史編纂委員会編『愛媛県史』民俗下、八一頁・一九八四年。拙著『生活のなかの行道』福武書店・一九八七年。拙著『江戸の漂泊聖たち』吉川弘文館・二〇〇七年）。

また茶の伝播についても、修験者が関与したという言い伝えがある。

伊予西条藩の中奥山村細野（愛媛県西条市）にいた不動坊という山伏は、宇治に行って製茶の法を学び、それを山中に広めた。そのため、この地域から出る茶を「不動坊」と呼ぶようになったという（『西條誌』は、伊予国西条藩主松平頼学の命により、同藩儒学者日野和煦《にこてる》の編述した西条藩内村々の郷土誌である）。

栄西《ようさい》（一一四一～一二一五。臨済宗の開祖）は、九州の佐賀県東背振村にある背振山に茶を蒔いたという。この背振山は修験道活動の一大拠点で、茶の伝播には修験者たちの活動に負うところが大であったのである（重松敏美『山伏まんだら』日本放送出版協会・一九八六年）。

東海道小田原周辺の練り歩き
―女たちの盆踊りを中心に―

盆唄をうたいながら練り歩く女児

筆者は仕事がら、東海道筋の民俗芸能を調査することがたびたびあり、その過程で、お盆などに子供たち、とくに女子たちが連れ立って盆唄をうたいながら練り歩くことが、昭和十年代まであったことを確認している。この伝承を裏づけるような近世から近代にかけての直接史料は確認していないが、一九九〇年代に入って国文学者の大島建彦氏が神奈川県内の盆唄について興味深い報告をしていて、その中に小田原周辺の明治初年のものが紹介されていた。

大学の紀要ということで、多くの方の目にとまらないと思われるので参考のために紹介する（大島建彦「盆唄の伝承（一）」〔『東洋大学大学院紀要』三五集、一九九八年〕）。そこには、旧足柄県の明治七年（一八七四）七月十五日の禁令として、

従来市郷ニ於テ盆踊ト唱ヘ、女児聯伍シ衣服等頗ル美麗ヲ競ヒ、太鼓・竹チクナト打鳴ラシ、隣里ニ互莅シ、彼レノ短ヲ謗リ此レノ長ニ誇リ、相角スルノミナラス、男女之レカ後援ヲナシ、終ニ喧嘩口論等ニ及候所、業往々有之哉ノ趣、右ハ鄙俗ノ宿習ニテ以ノ外ノ事

ニ候。方今文運ノ聖世ニ会シ、智ヲ開キ才ヲ達シ業ヲ起スノ時ニシ、人才教養急務ノ際、反テ自童ノ遊戯ニ私情ヲ傾ケ無益ノ冗費ヲ散シ、到底勤学ノ障碍ヲ醸シ開進ノ期ヲ妨ケ不都合ノ至ニ候。仍テハ前件ノ如キ旧習、尤モ可恥ノ醜態ニ付、父兄タル者其義務ニ注意シ、子弟ノ教育不懈様可相心得事。

とある。小田原町内を練り歩く、女子供の実態がリアルに紹介され、この行為が風紀上好ましいものでないことを伝えている。明治時代の小田原町内は、とくに芸子連による手踊りや娘手踊りが盛んであったことは、『横浜貿易新報』の明治四十二年十二月十五日に、

富貴座の娘手踊

小田原宮小路の富貴座は、十三日夜より中村某氏の催しにて娘手踊を興行し、見物には福引にて漏れなく景品を差出と云う。

と紹介され、また明治四十三年七月十九日の記事に、

小田原の盆

本年の盆は昨年に比して増上なるものの如く、例に依って花柳界最も繁盛を極め、新妓の披露を為す者続々たる有様なるが、夫れに比して、料理店はある一部のみ繁盛にて、他は何れも見込み違ひの有様なり、尚十六日夜は、例の小田原名物海岸の篝火ありて、千度小路御幸浜辺は時ならぬ人の山を、篝火の炎と人いきれにて、流石小ゆるぎの海も（後略）

とあり、町内における盆行事の盛況ぶりがうかがわれる。

盆踊りと大松明

この記事にある「小田原名物海岸の篝火」は、今でも八月に行われている大松明行事のことである。現在この大松明行事には「小田原提灯踊り」なる創作踊りが数百人の人たちによって踊られているが、かつてはこの盆行事に線香を数千本立てることも併せて行われており、この時にも女子供による盆踊りが行われていた可能性が大である。

踊りそのものの伝承は消滅しているが、お盆の時に赤を基調にした浴衣を着たという伝承は、男たちの間に強く残っており、この盆踊りは「とにかく色っぽかった」というのもあながち誇張ではないようである。

さて、この千度小路海岸での大松明については、大正五年（一九一六）七月十八日の記事（『横浜貿易新報』）に以下のようにみえる。

海岸人で埋まる―海施餓鬼の其夜―

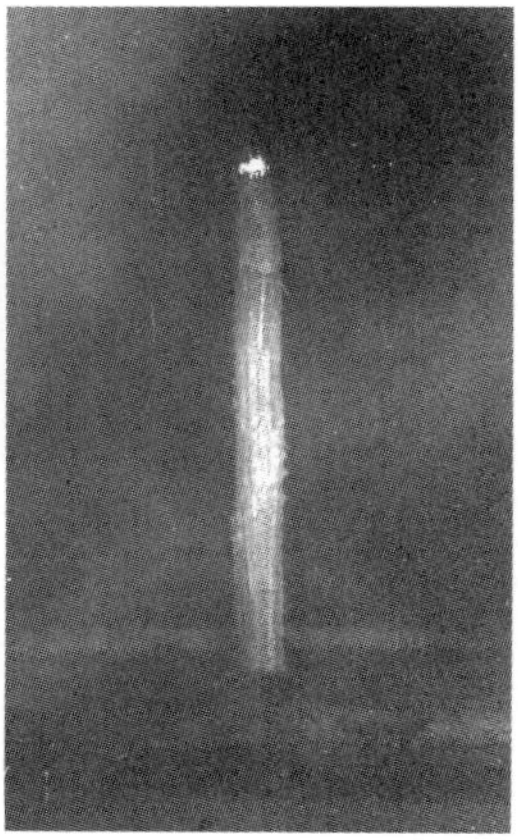

大松明行事
（神奈川県小田原市御幸ヶ浜）

大松明に参加する当山派山伏
（神奈川県小田原市御幸ヶ浜）

小田原名物の中に数えて居る海岸の大松明は、盆の十六日午後から、千度小路の海岸砂地に於て例年の如く行われた。午後、代官町常徳院の住職は、多数の坊さん達を随へて、海岸に設けた壇の前で厳かな読経がありて、此の海で命を失った無縁仏の為に施餓鬼を行った。此所を中心に、東西の海岸は活動芝居に飽きた大僧小僧連が、砂ッ原に寝転んで、ざわざわと頭の先迄寄せて来る潮の香に心ゆくばかり浸って居る。水面には、水虫に間違ひ易い連中が、頭ばかり見せてワイワイと泳ぎ廻り、波打際に膝から下を浸して居る避暑の女達を笑わせて居た。夕映の輝く頃から、西からも東からも、白地衣に団扇手にした涼みやら今宵の大松明やらを見物に人山築き、やがて潮時を計って点火した松明は、十間の上から燃えては落ちては又下へと燃え下がる。一丈余の火災物凄い様を呈してくると、念仏の声が一斉に起こった。

明治初年の女連の盆踊り禁止令と、それに関連するであろう明治から大正期にかけての、小田原とくに町周辺の盆行事と大松明行事の一端を、新聞記事から抜粋したが、明治七年の禁令に関連しては、同じく東海道周辺の盆踊りに関する明治十九年「公用留」（『平塚市史』五巻　史料編近代（一））に、

児童ノ野蛮風儀注意ノ件諭達

従来ヨリ各村々ニ於而盆踊ト称シ、女児連伍ヲナシ衣服美麗ヲ競ヒ、太鼓ゼイ竹ヲ打チ鳴ラシ、隣里ノ境界ニ互莅シ、彼レヲ謗リ是レニ誇ル等ノ習慣タル事ハ、去ル明治七年七月

堅ク禁止ノ次第モ有之処、最早十有余年ノ久シキ流レ、忘却ノ村々モ有之、中古以来ノ陋習ニ戻リ候テハ不相成、仮令蒸戯レトハ申スナカラ、意ヒニ男児ノ喧嘩・口論トナリ、為ニ隣里ノ親睦ヲ義絶シ、尚教育ノ障碍ヲ醸シ、文明開化ノ方向ニモ恥入ル次第ナリ。因テ父兄タル者ヨリ厚ク注意ヲ加エ、野蛮ノ風儀ヲ断テ、他ニ恥チサル様、所属ノ人民へ精々御諭達有之度候也。

再伸、精霊祭ノ折柄、迎火ト唱錠口前キ又ハ路傍ニ於而焚火ヲ倣ス等ノ儀、前件同断禁止有之度、尚当今ノ時節ニ於而恥ヘキ次第ニ候得者、是亦厚ク御注意有之度候也。

広川村

十九年七月七日　戸長役場

御中

公所村　根坂間村

河内村

徳延村

纏村

各村々幹事中

と記されている。

村境周辺では、女連が行う盆踊りは野蛮な行為だと決め付けている。さらに現在でも平塚・

小田原周辺で比較的一般に行われている盆の迎え火なども禁止されており、意外といえば意外である。明治初期であるから、矢継ぎ早に政策が打ち出されていったものと思われるが、明治七年の決めごとがそれほどの効果がなく、再度明治十九年にいたって禁止の徹底化が図られたようだ。しかし、こうした習慣が一つの禁止令で廃止されることはまずなかったと見るほうが無難であろう。いつの時代も、管理されればされるほど反発するのが世の常であり、ましてや日常的なものであればなおのこと、消滅することはなかったであろう。

前掲した明治七年の禁礼や明治十九年の「公用留」の対象になった地域は、現在でも他の地域に比して、盆踊りおよび盛り砂・盛り土、さらには迎え火が盛んであることを鑑みれば、法と慣習の地域的在り方を考える時の好材料になるであろう。

神奈川県小田原市（旧足柄下郡）周辺の明治中期以降の盆踊りについては、『日本全国児童遊戯法』（大田才次郎・一九〇一）に、

「盆とり」は七月盆の前後に、道路にて男児のなす遊戯なり。その光景は簓をこすり団扇太鼓を打ちたたき、五人、十人と隊伍をなして街衢を押し歩くなり。その賑わしきことは小田原町中の壮観なり。その唄に云う。

ぼんのぼんのともても、きょうあすばかりあさっては、嫁の日より草

と紹介されている。明治初年のものはすべて女連による盆踊りであったものが、明治中期以降にいたって男児のなす行事と記載されており、興味あるところだが、この記載は、大島氏もす

でに指摘しているように、女児と記すべきところを男児と誤って記載したものであろう。

筆者の四十年来の小田原の聞き取り調査でも、女児をめぐる盆の唄および田植えをめぐる唄で、男児のものは確認していないので、ここで男児とある記載は間違いと断定して差し支えないであろう。

その後、小田原周辺の民俗的研究は柳田國男が小田原、とくに国府津を愛したにもかかわらず、この種の調査報告がなされることはほとんどなかった。それは小田原評定にも相通じるところがあろうが、とにかく中央志向がつよい傾向があり、在野にも歴史家（郷土史家）はことのほか多いが、一般の人々の歴史が等閑視されていった事実は、事実として確認しておく必要があろう。

昭和の盆踊り

昭和十八年（一九四三）に刊行された田代亀雄氏の『小田原歳時記』には、七月十六日の「盆踊り」について、
　十二三歳から十七歳の女の子、今を晴れと着飾って、殊にも目立つのは、七尺も八尺もある、ちりめんなどの長襷を後ろで結んで下げ、往還の両側にずらりとならび、手に手に、鼓、太鼓の小形のようなものを持って、ボンボンとたたけば、他の娘は、ささらとて、割竹の五六寸に穴をあけ、糸を通して綴ったものをこれまた両手に、伸び縮みさせると、音

を発する。

まず始めは「おぼんの　おぼんの　お十六にちに」などと歌いだすのだが、やがて両側から相手方の悪口雑言の限りをいい争う。次第に白熱するにつれて、双方の娘連中は、その間隔を接近させて太鼓、ささらの騒音益々激しく、あわや、摑みかかるかと見られる乱調子に及ぶと、いつしか双方の女親共まで、まかり出ての加勢である。

西海子《さいかち》通りへ、山角町方面からと茶畑方面からと出張って対抗したり、大蓮寺横は、とりわけ、けんらんであったという。

田代氏の著書は昭和十八年刊行であるが、このデータは前掲した明治中期から大正期頃のものと思われる。それは、他の田代氏の著作が彼個人の調査データではなく、彼の古本屋としての延長線上での興味あるものをピックアップする方式の記述が多いこと、さらに父親からの影響が大きかったこと、とくに小田原周辺の文学者との付き合い関係などから、その記述内容がこうしたものになっていることは、自ずと理解されるのである。いずれにしても、小田原周辺において昭和初年頃までは盆唄の競り合いが盛んに行われていたことが確認されるのである。さて、直接この盆唄の競り合いとは関連を見出すことはできないが、戦前の小田原町内で盆時に盛んに行われていたものに「線香まつり」と「六夜待ち」がある。

現在、聞き取りのできる範囲では以下の通りである。

十字三十一区から三十二区周辺では、七月十三日から十五日の昼までに住職が棚経に廻ってくる。十五日は精霊様が買い物に行っていないから廻らないという。新盆の家では棚経だけでなく、仏様にも特別な供物をあげる。盆棚には茄子・胡瓜・オガラで牛馬を作り飾るが、最近では藁で作られた牛馬を買って来て供えることが多くなった。また、牛馬には、うどんを手綱としてのせる家もある。

お盆の時、十三日には必ず素麵を作り、十四日に来るお客さんに合わせる。十五日は精霊様が買い物から帰ってからの食事だからといって精進ものをあげる。

十六日、盆棚の供物は茣蓙に包んで海に流していたが、最近は衛生上の問題から、大蓮寺さんの下一ヶ所に集めている。

当地では、かつて七月二十六日の夜、「線香まつり」が行われていた。Aさんが小さい頃、荒久の堀川さん、小西孫三郎さん、川上刀根五郎さん、さらに小田原の大久保彦左衛門といわれた頑固親父の松熊のじいさんたちが集まって、Aさんの父親と談笑しているのを覚えているという。存命であば前掲の人たちは百三十歳を越えた方々だが、この人たちの話では七月二十六日の夜、「線香まつり」が行われていたという。これは各家で重箱に御馳走を入れ、線香を持って海岸に出て、自分の家紋を線香で形どり、その中に一家が集まって御馳走を食べた。

そして隣近所の人々もその付近に陣取り、月の出を待った。この行事は夏の夕涼みと近所との懇談を兼ねていたという。そういう風流な行事が小田原にあったが、現在では大松明と一緒になってしまい残念である。また、この時期の風物詩の一つに、宮小路の人々が鳥追い姿で三味線を持って流すこともあったという。

■初出一覧

「羅漢寺考―勧進と聖の狭間で―」(『ぶい＆ぶい』八号、二〇〇九年、日本史史料研究会)
「木喰行道　微笑仏の聖」(拙著『江戸の漂泊聖たち』二〇〇七年、吉川弘文館)
「逃亡者としての旅―今弘法あらわる―」(『企画展示　旅　江戸の旅から鉄道旅行へ』図録、二〇〇八年、国立歴史民俗博物館)
「木食仏海―渚の聖―」(拙著『江戸の漂泊聖たち』二〇〇七年、吉川弘文館)
「菅江真澄と木食」(『菅江真澄研究』五〇号、二〇〇三年、菅江真澄研究会)
「霊域を求めた民間宗教者たち」(『日本の石仏』一二八号、二〇〇八年、日本石仏協会)
「村に入り来る宗教的職能者」(『富士山文化研究』八号・二〇〇七年、富士山文化研究会)
「陰陽師―指田摂津藤詮の旅―」(拙著『江戸の漂泊聖たち』二〇〇七年、吉川弘文館)
「羽黒山修験道と飯豊山信仰―道中日記が活写する　みちのくの山岳登拝―」(『季刊　河川レビュー』一二〇号、二〇〇二年、新公論社)
「善光寺参詣日記を読む」(『日本民俗学』二三四号、二〇〇三年、日本民俗学会)
「武蔵野の戸隠講―江戸期農民の雨乞信仰―」(『あしなか』二五七号、二〇〇一年、山村民俗の会)
「旧跡巡拝考」(『コロス』八一号・二〇〇〇年、常民文化研究会)
「奥州からの霊地参詣―富士・西国は憧れかつ情報収集の地なのか―」(『地方史研究』三〇五号、二〇〇三年、地方史研究協議会)
「四国遍路・修験者の文化・情報・技術交流試論―四国と南九州との関連を中心にして―」(『地方史研究』三四一号、二〇〇九年、地方史研究協議会)
「東海道すじの練り歩き―小田原周辺を中心にして―」(『コロス』七七号、一九九九年、常民文化研究会)

あとがき

私ごとになりますが、本年三月をもって永年勤めた大学を早期退職します。思えば、あっという間の三十四年間でした。四月からは愛知県豊田市稲武町にある一般財団法人「古橋懐古館」の専任館長を勤めることとなります。毎月二〇名以上の人口減少が進む、いわゆる限界集落にある小さな博物館ですが、私はすでに三年間、そこの非常勤館長として週末の三日間はこの集落にお世話になりながら、往復六四〇キロを、東京の大学に自動車通勤をしてきましたが、正直言って寄る年なみで、周囲からもそろそろ限界ではと声をいただき、決断することにしました。この三年間の通勤途中で数百回も眺めた富士山の姿には、一服の清涼剤を与えられた思いであります。

本書では、私が学部生の頃から興味を持続してきた民間宗教者（最近では「宗教的職能者」と言うようにしています）について、実態に迫ってみることを試みました。彼らは民俗学者からは、平生の日常生活では住民から無視されているが年中行事や民俗芸能においては晴れの舞台に立つような人として紹介されていますが、彼ら木食《もくじき》、修験者、陰陽師、御師、導者、四国遍路、社寺参詣者、念仏行者などの人々の実像を、ハレとケの論理を援用しつつ、「歓待と忌避」という枠組みで、私なりの方法で迫ってみました。

ちょうどこの構想をまとめようとしていた矢先に、ある国文学関係出版社から叢書の一冊としてまとめて欲しいとの原稿依頼が来たので、私としても、自分の定年の時期を見据えて、早速仕事に取りかかり原稿を提出しました。しかし、内容が余りにも歴史学に偏っているということもあってか、なかなか作業が進まず、校正も三校まで終了していましたが、私の退職の時期が迫ってきたため、そこからの出版を諦めることにしました。それを見かねた四十年来お世話になっている岩田書院の岩田博氏が、この企画を引き継いでくれることになり、日の目を見る事ができたことは望外の喜びであります。

私は、全国各地で五〇〇回近く出前講座と称して地域の歴史や暮らしについて話をさせてもらっていますが、これになんと一〇〇回以上も出席されている方がいます。この方は、江戸学・文学を「生業」とせずに、自分の「生きる証」としている方ですが、その方が、明治二十三年生まれの婆さんからこんな情報をもらってるんだ、と言って、次のような一文を私にくださいました。

そこの若者さんよ、なにブツブツ言ってなさる？ 文字や机上にしがみついている連中に何がわかる？ その土地に住み、その土地のもんを食べ、その土地のものたちと酒を飲むから、血が通うぬくもりのある学問がうまれるんじゃ、机上でだけで書かれた本をいくらカッターで切っても血のながれはこないぞ？ あんたの本には血が流れているか、迷うことなかれ？

この一文に、学問の重みを実感させられた思いです。この言葉は、過疎地域にある博物館の館長としてどのように生かすのかを試されているのだと思います。「文字を拾うより、声を拾う、それが地域に生きる証」、これは、その土地の生きざまを表す言葉でしょう。

戸数六戸の限界集落の「山の講」に参加した夜に記す。（二〇一七年二月）

西海　賢二

著者紹介

西海 賢二（にしがい・けんじ）

1951年、神奈川県小田原市生まれ。

筑波大学大学院歴史人類学研究科博士課程修了。

現在、一般財団法人古橋懐古館館長、東京家政学院大学現代生活学部・大学院人間生活学研究科教授、法政大学・愛知大学大学院講師、ＮＰＯ法人石鎚森の学校副理事長、文化庁文化審議会専門委員、東京都文化財保護審議会委員。

博士（歴史学）・博士（民俗学）。

主な著書に『筑波山と山岳信仰』（崙書房、1981年）、『武州御嶽山信仰史の研究』（名著出版、1983年）、『近世遊行聖の研究』（三一書房、1984年）、『石鎚山と修験道』（名著出版、1984年）、『生活のなかの行道』（ベネッセコーポレーション、1987年）、『漂泊の聖たち』（岩田書院、1995年）、『民衆宗教の祈りと姿』（ぎょうせい、1997年）、『木曽御嶽本教五十年のあゆみ』（ぎょうせい、1997年）、『石鎚山と瀬戸内の宗教文化』（岩田書院、1997年）、『絵馬に見る民衆の祈りとかたち』（批評社、1999年）、『近世のアウトローと周縁社会』（臨川書店、2006年）、『江戸の漂泊聖たち』（吉川弘文館、2007年）、『近世の遊行聖と木食観正』（吉川弘文館、2007年）、『武州御嶽山信仰』（岩田書院、2008年）、『念仏行者と地域社会』（大河書房、2008年）、『富士・大山信仰』（岩田書院、2008年）、『江戸の女人講と福祉活動』（臨川書店、2012年）、『博物館展示と地域社会―民俗文化史からのまなざし―』（岩田書院、2014年）、『城下町の民俗的世界―小田原の暮らしと民俗―』（岩田書院、2014年）、『旅と祈りを読む』（臨川書店、2014年）、『山村の生活史と民具―古橋懐古館所蔵資料からみる―』（岩田書院、2015年）などがある。

旅する民間宗教者 —歓待と忌避のはざまに生きて—

2017年(平成29年) 3月　第1刷　700部発行　　定価［本体2600円+税］

著　者　西海 賢二

発行所　有限会社 岩田書院　代表：岩田　博

〒157-0062 東京都世田谷区南烏山4-25-6-103　電話03-3326-3757

組版・印刷・製本：富士リプロ　　http://www.iwata-shoin.co.jp

ISBN978-4-86602-990-0 C3321 ¥2600E　　Printed in Japan